イスラームを知る

19

サウディアラビア

二聖都の守護者

Mori Nobuo

森 伸生

サウディアラビア　二聖都の守護者　目次

監修：NIHU(人間文化研究機構)プログラム　イスラーム地域研究

二聖都の守護者

現在、サウディアラビア[1]の国王は「二聖都の守護者」と呼ばれている。

二聖都とはサウディアラビアの西部、ヒジャーズ地方にあるマッカ(メッカ)とマディーナ(メディナ)の二つの都市である。マッカは預言者ムハンマド[2]が誕生した地であり、アッラーの館と呼ばれるカアバ聖殿[3]を中央に擁するハラーム・モスクがあるイスラーム第一の聖地である。マディーナ[4]は預言者ムハンマドが逝去した地であり、彼の墓廟を内包する預言者モスクがあるイスラーム第二の聖地である。

この二聖都を守護する任を負う者とは、歴史的にヒジャーズ地域を統治下におさめる歴代のカリフ[5]やスルターン[6]であった。彼らにとって、二聖都の守護は義務であると同時に栄誉

1 国家面積はアラビア半島の80%，215万km²。人口2713万人(2010年現在)，そのうち外国人は843万人。国教はイスラームで，国民全員がイスラーム教徒(ムスリム)である。サウディアラビアは四つの地域に大別される。紅海に面した西部地域はヒジャーズ，その南にある山岳地帯はアスィールと呼ばれる。中央地域はナジュドと呼ばれ，北にはネフド砂漠が広がっている。アラビア湾に面した東部地域はハサーと呼ばれ，その南には世界最大級のルブウ・ハーリー砂漠がある。

2 唯一神アッラーから選ばれたイスラームの最後の預言者・使徒として布教をおこない，神の啓示としてクルアーン(コーラン)を伝えた。

3 マッカのハラーム・モスクのほぼ中心にある，石づくりの立方体のかたちをしたイスラームの聖殿。ムスリムはカアバの方向に礼拝する。カアバとはアラビア語で立方体を意味し，名は体をあらわしている。カアバは黒色の布(キスワ)でおおわれ，その四隅はほぼ東西南北を向いている。北東に向かう面が正面で，約10mの長さがあり，北西に向かう面は約12m，高さは約15mである。

4 マッカの北方およそ350kmにある。マディーナ・アッ・ラスール(使徒の町)，またはマディーナ・アン・ナビー(預言者の町)を略してマディーナとなった。

5 イスラーム共同体の代表者を示す称号。原義は代理人，後継者である。預言者ムハンマドの死後，最高指導者の地位を継いだアブー・バクルが「アッラーの使徒の代理人」(または後継者)と名乗ってから，イスラーム共同体の代表者をカリフと呼ぶようになった。「第3章 歴史のなかのイスラーム」『イスラーム——知の営み』(イスラームを知る1)山川出版社を参照のこと。

6 11世紀以降スンナ派(イスラームの主流派)の政治権力者，君主に与えられた称号。

なことであった。「二聖都の守護者」をアラビア語でハーディム・アル・ハラマイン（文字通りには「二聖都に仕える者」）という。この称号をはじめて用いたのはアイユーブ朝の創始者サラーフッディーン（一一三八〜九三）であるという。二聖都の守護者にとって、とくにイスラームの「五行」の最後に定められているマッカ巡礼に全世界から集まる巡礼者の安全を保障することは重要な任務であった。そのことを考え合わせると、「二聖都に仕える者」との原義が、イスラーム世界の存続と繁栄のために奉仕するイスラーム統治者（カリフまたはスルターン）としての姿を表現しているといえる。

オスマン朝（一二九九〜一九二二年）のスルターン、セリム一世（在位一五一二〜二〇）がエジプトを征服したことにより、マムルーク朝のスルターンからマッカ・マディーナの保護権を継承し、「二聖都の守護者」の称号を獲得した。以後、オスマン朝の歴代のスルターンがその称号を使っていた。

時代はくだり、オスマン朝が崩壊した現在、「二聖都の守護者」の称号を用いているのはサウディアラビアの国王である。国王がこの称号を用いるようになった時期については、本文のなかで明らかにしていく。国王はサウード家の者であり、サウディアラビア王国とはサウード家が統治しているアラビアの王

▶マッカ　暁の礼拝後のハラーム・モスクのなかから見上げる時計台，右端にカアバ聖殿がみえる。時計台は 20km 離れても確認できる。

◀マディーナ　預言者モスク。緑のドーム下に預言者の墓廟がある。

国という意味である。統治する王家の名前を冠する国家とはめずらしいが、サウード家[7]の統治の正当性はたんに武力によってアラビア半島の大半を征服したからだけではなく、シャリーア[8]（イスラーム法）を遵守し、シャリーアによって統治することにある。ゆえに、サウディアラビア王国はシャリーアを実施しているイスラーム国家であると自ら宣言する。[9]王国の原型は第1章で述べる第一次サウード朝であるが、そこでは実権者とイスラーム法学者（ウラマー）盟約によって、イスラーム法の施行が体現された。現在のサウディアラビア王国は第三次サウード朝にあたるが、盟約の精神は継承されている。今日では、統治者の側が圧倒的優位に立って、不均衡とはいえウラマーとの盟約は続けられている。サウディアラビア王国がイスラーム国家であり続けることは、サウード家統治の正当性を維持しつづけることと同じになる。

そこで、第三次サウード朝となるサウディアラビア王国の一〇〇年を振り返ると、四つの時期に分けることができる。第一期はアブドルアジーズ国王によるイスラーム国家領土形成時期である。そのときの最大な危機は自ら創設した軍団の反乱であった。この時期については第2章であつかった。第二期はファイサル国王によって断行されたウラマーの官僚化時代である。そして、近代化形成の時期であり、それを継承したハーリド国王時代でもある。その時代の危機はマッカのハラーム・モスク襲撃事件であった。この時期は第3

7　18世紀初頭からアラビア半島中央のナジュドのディルイーヤを支配していた部族（豪族）。

8　シャリーアとはクルアーンとスンナ（預言者の慣行）を基本的法源として，そこから導き出される原則や規範によって構成される法である。

9「統治基本法」第1条，第7条，第8条。

章で取り上げ、近代化を進めるイスラーム統治の苦悩をあつかっている。第三期はファハド国王によるイスラーム統治体制の明文化の時代である。明文化する契機となったのは、外部からの危機、湾岸戦争である。民衆からの保守・革新の主張が盛んになり、国内混乱の時期でもあった。この混乱の時期を第4章で取り上げた。第四期は、世界を震撼させた9・11事件の影響も乗りこえて、安定にはいった時期である。アブドッラー国王によって斬新な改革が進められ、改革を支えるイスラーム法再解釈の時期にはいったともいえる。この時期については第5章と第6章であつかった。

本書ではサウディアラビア王国を理解するために、王国が第一次サウード朝を規範的歴史としながら、激動する国際社会から押し寄せる変化の波に対応し、イスラーム国家として存続するためにとった政策を検証していく。同時に現代におけるシャリーアの実効性を考えていきたい。

サウディアラビアの表記として、形容的に用いる場合にはサウディと短縮して、例えばサウディ人などと表記する。

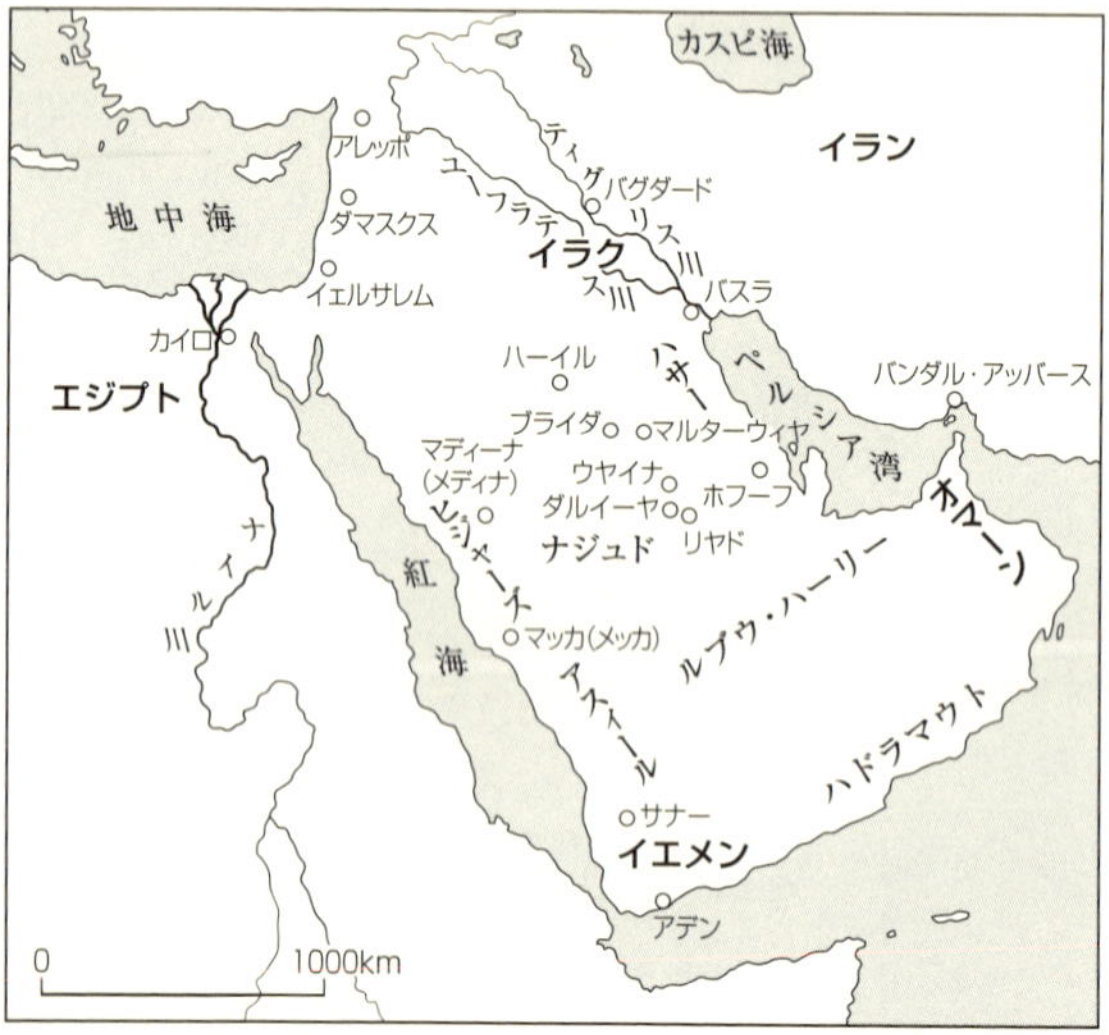

▲18～20世紀のアラビア半島

第1章　イスラーム国家の始まり

政教盟約

現サウディアラビア王国の原型となる十八世紀の第一次サウード朝(一七四四〜一八一八年)はサウード家首長ムハンマド・イブン・サウード(一七四四/五〜六五)と宗教者ムハンマド・イブン・アブドルワッハーブ(一七〇三〜九二)による歴史的な政教盟約に端を発する。ムハンマド・イブン・アブドルワッハーブとはどのような人物で、何を主張していたのであろうか。ムハンマド・イブン・サウードとの関係はどのようなものであったのか。それを知るためにも、十八世紀のアラビア半島の状況を知る必要がある。

当時のアラビア半島は国際社会からまったく無視される状態であった。広大な砂漠が広がるアラビア半島のなかで、自由に動きまわっていたのは諸部族の遊牧民たちであり、オアシスの周辺に一部の定住部族がそれぞれの勢力を築いていた。時に、部族同士の略奪が起き、抗争が絶えない状態でもあった。諸部族を統一する勢力もでていなかった。部族のなかのイスラーム意識は預言者ムハンマドの教えからかけ離れ、聖なる岩や樹木などの崇拝や聖者崇拝などがはびこっており、各地に聖者廟が建てられ、そこへの参拝などがおこなわれていた。社会の規範も部族の慣習によって規定されており、イスラーム法の実施などほど遠いありさまであった。まさに、預言者ムハンマドが七世紀に登場する以前のアラビア半島と変わらない状態であった。

そのようなアラビア半島の状況のなかで、一人のイスラーム改革者があらわれた。それがムハンマド・イブン・アブドルワッハーブである。彼の故郷は現在のリヤードの北西部フライミー[10]である。彼は一七〇三年に当時のナジュド[11]地方の学徳で知られた宗教家の家に生まれ、幼少の頃からイスラーム教育を受け、聖典『クルアーン』を完全に暗記し、ハディース（預言者の言行録）や聖典注釈書などを読破した。成人したのちにマッカで神学を学び、さらにイラクのバスラにおいて著名な法学者のもとでイスラーム諸学をおさめた。とくに、十三世紀から十四世紀にかけて活躍したシリア出身のイスラーム学者イブン・タイミーヤ（一二六三～一三二八）の思想に強い影響を受け、イスラーム純化運動を起こすことになった。ムハンマド・イブン・アブドルワッハーブが唱えた主張は「タウヒード」（唯一神信仰）の徹底化であり、それは唯一なる神を信じ、多神教にかかわるいっさいのことを排し、神の啓示であるクルアーンと預言者ムハンマドの教えを忠実に行動することであっ

[10] 現在のリヤードから北西約 90km。

[11] アラビア半島中央部の内陸地帯を指す地名。

た。このイスラーム純化運動は彼の名前をとって、のちにワッハーブ主義と呼ばれるようになる。この呼び名は外部からの呼称であるところから、この主義を受け入れた者たちは自らをムワッヒド（一神教徒）、またはサラフィー主義者（復古主義者）[12]と呼んでいる。ムハンマド・イブン・アブドルワッハーブは尊敬の念を込めて「シェイフ」（尊師）と呼ばれ、彼の家系はアール・シェイフ（シェイフ家）と呼ばれるようになる。

「シェイフ」はナジュドの生まれ故郷フライミーへもどり、イスラーム純化運動を始めた。「シェイフ」は「タウヒード」の教えを説くだけにとどまらず、自ら聖廟を破壊し、聖木を伐採した。そして厳格なイスラーム法の施行を人々に求め、例えば姦通した者には石投げの死刑を実行した。そのことに住民は戸まどい、結局、彼は故郷の住民から追い出された。ついで、現在のリヤード近くのウヤイナ[13]に布教の場を求めて行ったが、なかなか受け入れられなかった。さらに、場を求めて、ディルイーヤ[14]へ到着した。そこでサウード家の首長ムハンマド・イブン・サウードと出会うことになる。

ムハンマド・イブン・サウードは「シェイフ」の噂を聞きつけ、彼の宿へ出向き、「シェイフ」に教えを請うた。「シェイフ」は彼に、預言者ムハンマドが伝えた純正なイスラームの教えと、預言者の弟子たち（教友）が彼に従いイスラームに殉じた生涯について語り、アッラーが彼らの行為に報いて栄光を授けたことを説いた。ついで、今のナジュドの人々

12 サラフとは預言者ムハンマドと彼の弟子たちのことであり，サラフィー主義者とは彼らの教えを継承する者である。
13 リヤードから北西約 30km。
14 リヤードから北西約 20km。

はアッラーの律法と使徒のスンナ（預言者の慣行）[15]に背き、シルク（多神教）に堕ち、彼らがビドア（教義、儀礼の歪曲）、分裂、不正に陥っている、と彼らの現状を語った。

「シェイフ」の話を聞き終えたムハンマド・イブン・サウードはタウヒードの教えを確信し、彼に言った。

「シェイフ、これは疑いなく、アッラーとその使徒の宗教です。私はあなたに支援をお約束します。あなたが命じたように、タウヒードに背く者へのジハードについて、お約束します。しかし、私はあなたに二つの望みがあります。私達はあなたを支援して立ち上がり、アッラーの道のためにジハードを行います。そしてアッラーが私達とあなたにもろもろ国を与えた時に、あなたが私たちから立ち去り、私達以外の者の許へと行ってしまうのではないかと心配です。二つ目は、私にはディルイーヤの人々に租税を課し、収穫の時期に彼らからそれを徴収します。ついては、あなたが彼らから何も徴収するなと仰るのではないかと心配です。」

それに対して、「シェイフ」はこう答えた。

「最初の望みについては、手を出しなさい。あなたの血は私の血であり、あなたの死は私の死である。二つ目については、アッラーがあなたに多くの征服地を与えるであろう。アッラーはあなたに戦利品をその（租税の）代わりに授けるであろう。それは彼

[15] 預言者ムハンマドがおこなったこと，語ったこと，黙認したことなどである。それは『ハディース』と呼ばれる伝承集にまとめられている。法源として，スンナはクルアーンのつぎに位置する。

らから得るものよりもより良いものとなろう。」

それを聞いたムハンマド・イブン・サウードは手を伸ばし、「シェイフ」に忠誠の誓いを立てた。

ここに、もう一つの伝承がある。

「シェイフ」がムハンマド・イブン・サウードにこう言った。

「あなたは一族の長であり、尊貴な御方である。あなたに誓っていただきたいことがある。あなたがこの宗教(ワッハーブ主義のイスラーム)のために戦うこと、そして首長職とイマーム権[16]はあなたとあなたの子孫に属し、宗教におけるシェイフ職と(預言者の)代理権は私と私の子孫に永続に属することを、さらに私たちが同意しないかぎりは、何も盟約を結ぶこともなく、講和も戦争も行わないことを。もし、あなたがこれを受け入れたならば、アッラーは今までの王や権力者が得たこともないようなものをあなたに授けるであろう。」

それに対して、ムハンマド・イブン・サウードは答えた。

「それを受け入れます。私はその通りに忠誠の誓いを立てます。」

第一の伝承は、「シェイフ」がサウード家首長と運命をともにすることが述べられ、第二の伝承では、両家の役割が明確にされている。

[16] 信仰の対象となっているシーア派のイマームと違って，ここでのイマームはスンナ派の通常の意味で，つまりイスラーム国家の元首を指す。特殊な精神的な意味はない。しかし，イスラーム国家の元首であるので，イスラーム法の制約を受けることになる。

ここに、両家の盟約が結ばれた。これによって、「シェイフ」はサウード家の支援を受けて、ワッハーブ主義のイスラームを布教することができるようになった。それは一七四五年のことであった。両者の盟約を確実にするために、ムハンマド・イブン・サウードが「シェイフ」の娘を娶った。以後、両家は交婚をかさねることになるが、その最初であった。

盟約の内容をまとめると、(1)サウード家はワッハーブ主義のイスラーム宣教のために戦うこと、(2)イスラーム法を施行すること、(3)首長職(組織の長)とイマーム権(統治権)はサウード家に属すること、(4)宗教におけるシェイフ職(宗教界の長)と預言者の代理権(イスラーム法の決定権)はシェイフ家に属すること、(5)国家の重要な決定にワッハーブ家の同意を必要とすること、最後に、前者の伝承にあった(6)住民から租税をとらぬこと、であった。

「シェイフ」の説くワッハーブ主義の特徴は「タウヒード」(唯一神信仰)にある。たとえ、ムスリムであっても、聖石、聖木、聖者を崇拝し、それに祈願する者はアッラー以外を崇拝する者として、不信者とみなされた。ワッハーブ主義イスラームを受け入れる者こそがムスリムであり、それに背く者は不信者となり、ジハード(聖戦)の対象とされた。また、シーア派教徒や神秘主義者(スーフィー)も純正なイスラームの教えから逸脱した者とみなされていた。さらに、ワッハーブ主義はクルアーンとスンナのみをイスラーム法の法源とし、後世にでてきた諸法学さえも否定した。ただし、原典を重視するハンバル法学[17]には親

[17] イブン・ハンバル(780 ～ 855)を祖とする学派。『イスラーム——知の営み』(イスラームを知る 1)山川出版社 57 頁を参照のこと。

しみを感じていた。

第一次サウード朝の建設とイスラーム支配

この盟約によって、サウード家は「シェイフ」の教えを広め、拒否する近隣部族に対してジハードをしかけた。住民が崇拝の対象としていた聖木を倒し、聖者の墓廟を徹底的に破壊していった。それはワッハーブ主義の行動原理である、力を用いた「勧善懲悪(善の命令と悪の禁止)」であった。ワッハーブ主義の教えが善であり、それを人びとに命じ、それに反することは悪として禁じ、力で排除する行為である。そして、ワッハーブ主義を受け入れた相手には完全なイスラーム法の施行を命じた。

サウード家はジハードにより勢力を広げ、アラビア湾岸のハサー地域、南のオマーンやイエメンの大部分を併合し、一八〇二年には半島をこえ、イラクのカルバラー[18]にあるシーア派の聖フサイン廟を破壊した。翌年、マッカ、マディーナの両聖都を占拠して、さまざまな廟墓を打ち壊した。このとき、すでに「シェイフ」は一七九一年に他界し、その教えは子弟に受け継がれていた。一方のサウード家のムハンマド・イブン・サウードも一七六三年に没して、その子アブドルアジーズ(一八〇三年没)、そして孫のサウードが志を受け継ぎ、第一次サウード朝が成立した。

[18]ユーフラテス川ぞい，バグダードの南南東 90km あまりのところに位置する現イラク領の都市。十二イマーム派第３代イマーム，フサインの殉教の地。

第一次サウード朝の最盛期には、サウード家はアラビア半島を二〇州に分割し、各州でサウード家の臣下を知事に任命して統治していた。そして、各州にカーディー(イスラーム法裁判官)を任命して、イスラーム法の施行を管理させる一方、民衆にもイスラーム教育が徹底しておこなわれ、「シェイフ」の教えが浸透していった。裁判では不公正な部族慣習の裁きは排除され、犯罪に対しても、イスラーム刑法が厳しく実施された。サウード家が覇者としてアラビア半島を統治して、シェイフ家が法の番人となり、サウード家の統治に正当性を与える役目を担っていた。「シェイフ」のイスラーム純化運動がサウード家の支配力を背景に実を結んだといえる。

サウード朝の勢力拡大を、当時のオスマン帝国がだまって認めるはずもなく、とくに「二聖都の守護者」をもって自らを任じていたオスマン帝国のスルターンはマッカ、マディーナの征服を許すはずもなかった。スルターンは一八一一年、エジプトの総督ムハンマド・アリー(在位一八〇五～四八)に領土を奪い返すように命じた。最新の兵器を装備したエジプト・オスマン帝国軍はアラビア半島に攻めいり、一八一四年にはヒジャーズ地方を奪還し、半島の内陸部ナジュド地方をめざし進軍した。

エジプト・オスマン帝国軍は一八一八年にナジュドのディルイーヤを包囲し、九カ月におよぶ激戦の結果、ディルイーヤは徹底的に破壊され、陥落した。当時のサウー

▶ディルイーヤの第１次サウード朝時代の遺跡

ド家首長アブドッラー・イブン・サウード(在位一八一四～一八)はコンスタンティノープルに送られ、処刑された。「シェイフ」の子孫や子弟もほとんどが殺害されるか、とらえられた。ここに第一次サウード朝が崩壊し、アラビア半島はふたたびオスマン帝国の支配下となった。

第二次サウード朝の建設と滅亡

サウード家は壊滅的な打撃を受けたが、エジプト・オスマン帝国軍の攻撃から逃れた、サウード家のトルキー・イブン・アブドッラー(在位一八二四～三四)が一八二四年、リヤードを奪回し、そこを新たな首都としてサウード朝を再興した。数年後、「シェイフ」の孫の一人、アブドッラフマーン[19]が追放先のエジプトから帰還したため、トルキーは彼をリヤードのカーディーに任じた。トルキーは一〇年あまりでナジュド地方を制圧し、第一次サウード朝にはおよばないが、東部のハサー地方やオマーンの奥地も取り戻した。

しかし、トルキーはサウード家の内紛によって一八三四年に暗殺されてしまう。そのあとを継いだトルキーの息子、ファイサル(在位一八三四～三八、四三～六五)がリヤードを奪回するが、エジプト・オスマン帝国軍の襲撃によって、一九八四年に囚われの身となり、エジプトで収監された。五年後に、ようやくエジプトを脱出したファイサルはふたたび、

[19] 第1次サウード朝で 1814 ～ 18 年までカーディーを務めていた。帰郷したのち，カーディーに復職したが，没年は不明である。彼のあと，息子のアブドッラティーフが後任者になり，1834 ～ 36 年，1843 ～ 63 年，カーディーを務めた。

リヤードを制圧し、父トルキーの支配圏を取り戻した。しかし、ファイサルの没後、二人の息子、アブドッラー（在位一八六五〜七一、一八七五〜八九）とサウード（在位一八七一〜七五）のあいだで跡目争いが起こり、首長の座はたびたびかわり、内戦にまで発展した。この権力闘争は二〇年以上も続き、サウード家はしだいに弱体化した。一方、北部で勢力を拡大していたラシード家がサウード家の混乱に乗じて、一八八九年にリヤードを完全に征服した。

サウード家はファイサルの四男、アブドッラフマーンが一八九〇年にラシード家に反旗を翻したが、戦いに敗れ、以後、一〇年間の亡命生活を続けることになる。その家族のなかに、一八八〇年生まれのアブドルアジーズ・イブン・アブドッラフマーンがいた。のちの現サウディアラビア王国の建国の主である。

第一次サウード朝はオスマン帝国の脅威を前にして外交的戦略をとることができなかったことから崩壊の道をたどることになり、第二次サウード朝はサウード家内での家督相続の騒動によって他家につけいるすきをつくったことが衰退の要因となったが、それら先人の失策はのちのサウード家に重大な教訓を残すこととなった。

第2章　アブドルアジーズによる国家統一

リヤード奪回

リヤードを追われたアブドッラフマーンとその家族は、放浪のすえ、一八九三年初め頃クウェートの首長サバーハ家のもとに落ち着き、そこで約一〇年間過ごした。

成人したサウード家の嫡男アブドルアジーズは一九〇一年末、クウェート首長から四〇頭のラクダをゆずり受け、部下六〇人とともにリヤード奪回をめざして出立した。一九〇二年一月リヤードに達し、マスマク城に奇襲をかけ、ラシード家の総督アジュラーンとその部下十数人との戦闘の結果、彼らに勝利して、マスマク城を陥落した。

アブドルアジーズはリヤードの守りをかためると、クウェートから父アブドッラフマーンと家族をリヤードに呼びもどした。父はリヤードにて有力者やウラマーの前で息子アブドルアジーズにサウード家首長の座をゆずり、自分はイマーム[20]の地位にとどまることを宣言した。アブドルアジーズはリヤードの支配を確立するとともに、サウード家とシェイフ

[20] サウード家の首長は代々「イマーム」を名乗っていた。この称号は，アブドルアジーズの代から影が薄くなったが，現在も「イマーム」であるとする考えも存在する。

家との歴史的盟約を再確認して、イスラーム法の権威をウラマーたちに与えた。

アブドルアジーズはリヤードの支配をかためたあと、ラシード家の支配に抵抗を続けていたナジュド南部の部族の援助を得て、またたくまにナジュド南部と中部を支配下におさめた。一九〇六年までに、アブドルアジーズは半島中央から北部への道を制圧し、北部ジャバル・シャンマルの地を支配するラシード家と対峙するまでに勢力を拡大した。

一九一三年五月、アブドルアジーズは東部のハサー地域へ攻めいり、ホフーフ市を攻略した。ハサー地域を守備していたトルコ軍は撤退をよぎなくされ、五〇年間続いたこの地域のトルコ支配は終焉した。

イフワーン創設と半島征服

アブドルアジーズは半島を征服するためには遊牧民を支配下におく必要があると考えていた。そこで、一九一二年頃から遊牧民部族を入植地に定住させ、ワッハーブ主義イスラームによって統率することを

▶現在の修復されたマスマク城

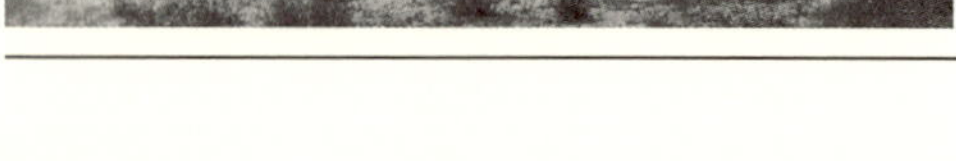

◀1911年当時の進軍するアブドルアジーズ軍　旗には現在の国旗と同じく，イスラームの証言の言葉が書かれているのがみえる。

試みた。入植地では、遊牧民に土地と水の権利を与え、農業技術を教え、穀物の種を配給し、モスクなどの公共施設を建設した。この政策が成功し、各地に入植地が誕生した。多くの遊牧民が入植地に移住し定住しはじめた。この入植地（定住地）はヒジュラ（複数＝フジャル）と呼ばれた。それは預言者ムハンマドがマッカからマディーナ移住（ヒジュラ）したことに意識をかさねて表現されている。定住した遊牧民部族はイフワーン（同胞）と呼ばれるようになった。ワッハーブ主義の教えの前では、あらゆる遊牧民部族もそれぞれが身分的に平等であり、まさにイフワーンたり得た。一九二〇年代になると半島中央部のナジュド地帯に、オアシスがあるところにはどこにでも入植地が建設された。イフワーンはアブドルアジーズが進める半島征服事業の先兵として、極めて強力な戦闘員となった。この定住化政策はイフワーン運動と呼ばれた。

一九一四年八月二日、第一次世界大戦が勃発した。アブドルアジーズは情勢をうかがっていたが、イギリスの要請に応じて、一九一五年にカティーフ条約（アラビア半島の東部にあるカティーフにおいての条約）を締結した。この条約によって、イギリスはアブドルアジーズによるナジュドとハサーの支配を認めたが、同時にイギリスの同意なしには領土の割譲・租借・利権供与などの行動をおこなわないことを約束させた。アブドルアジーズはそのみかえりに、補助金と武器供与を受けることになった。キリスト教国家イギリスとの条約締結はのちにイフワーンから批判の対象となるが、アブドルアジーズは有益となるならば、躊躇することはなかった。

アブドルアジーズの強力なイフワーンの軍団はワッハーブ主義を宣教することを目的に、支配地を拡大していった。当然、イフワーンにとって拡大地での戦利品も魅力となっていた。イフワーンは破竹の勢いで、一九二〇年に半島南西部のアシールを事実上支配下におさめ、二一年には北部の宿敵ラシード家をハーイル[21]で打ち破った。

一九二四年九月、アブドルアジーズはヒジャーズの要衝ターイフを攻略した。マッカのヒジャーズ王シャリーフ・フサイン[22](在位一九一六〜二四、一九三一年没)はアブドルアジーズの脅威を前にして、王位を長子アリーにゆずり、ジェッダ[23]の港からアカバへ脱出した。新王アリー(一九三五年没)はジェッダを防衛するためにすべてのヒジャーズ軍をジェッダに集中させた。その間、イフワーンの部隊は十月十六日に、マッカに無血入城をはたした。ヒジャーズで残すところ、ジェッダとマディーナだけとなった。アブドルアジーズはイフワーン部隊をマディーナに送り、翌一九二五年十二月六日にはマディーナを攻略した。マディーナの陥落を聞いたアリーは十二月十七日、イラクへ出国した。そこで、アブドルアジーズは十二月二十三日にジェッダにはいった。これにて、ヒジャーズを完全に制覇した。

21 首都リヤードの北西約700km，マディーナの北東約400kmの地。

22 シャリーフとは預言者ムハンマドの孫・ハサンの末裔であることを意味する尊称。フサインはオスマン帝国期からのアラブ独立運動の指導者で，1915年，カイロの英国高等弁務官ヘンリー・マクマホンとフサイン・マクマホン協定を結び，16年6月，4人の息子を立てて「アラブ反乱」を起こして独立をはたし，ヒジャーズ王国を創始した。アカバに逃れたフサインは，さらにキプロス島へ亡命した。最後はアンマンへ移り，そこで没した。

23 ヒジャーズの紅海に面した港町，マッカへ73km。

ヒジャーズ王国の基本的指針（ヒジャーズ憲法）

一九二六年一月八日、マッカの聖モスクの前でアブドルアジーズのヒジャーズ王即位の式典がおこなわれた。ついで、マッカとジェッダの有力者たちやウラマーたちが彼に忠誠の誓いをおこなった。それを受け、ナジュドの支配と合わせて、「ヒジャーズ王およびナジュドと属領のスルターン」に就任した。同年六月十九日から始まった巡礼はアブドルアジーズがヒジャーズを征服してはじめての巡礼であった。巡礼後に第一回イスラーム諸国会議がマッカで開催され、合計六九カ国の代表が参加した。この会議において、彼は自らのヒジャーズ王の地位をゆるぎないものとした。そして、ヒジャーズに存在した行政機構をそのまま踏襲した。その後、ヒジャーズ王国の憲法ともいえる「ヒジャーズ王国の基本的指針」を一九二六年八月に公布し、ヒジャーズの統治機構の整理や秩序づくりに精力的に取り組み始めた。

同基本的指針は七九カ条からなり、七部に分けられている。第一部（一～四条）国家の政治体制、第二部（五～八条）行政指導、第三部（九～二七条）行政部門、第四部（二八～四二条）諸委員会、第五部（四三～四五条）会計院、第六部（四六～五五条）監査院、第七部（五六～七九条）行政官となっている。

イスラーム法関係をみてみると、まず二条に「ヒジャーズ・アラビア国家は独立したイスラーム・シューラー・君主国家である」と謳ってあるが、五条「ヒジャーズ王国の全行政は国王の手にあり、国王はイスラーム法の規定に制約される」と、たとえ国王でもイスラーム法的制約を受けるとした。さらに、六条で「王国の法規定は常にクルアーン（コーラン）と使徒の慣行とサハーバ（使徒の弟子）と公正な父祖の従った規定に適合しなければならない」とシャリーアの施行を明記している。これらの条項をみるにつけ、シェイフ家とサウード家の盟約が生きていることが理解される。

また興味深いことに、アブドルアジーズがマッカを征服した直後、一九二五年十一月二十日に、地方選挙条例が制定されているのである。これ一つを取り上げても、ヒジャーズのもともとの統治機構が整っていたことが理解される。つぎに、一九二八年七月十四日、シューラー委員会基本規則が施行され、三年後の一九三一年十二月三十日には副官会議規則が公布された。アブドルアジーズは国家体制をまずヒジャーズにある従来の行政機構から整備することで確立していった。

一九五〇年代まで「ナジュドとその属領」はアブドルアジーズと皇太子のサウード[24]によって統治されていたが、ヒジャーズはファイサル[25]と副官会議によって支配されていた。その後、これらは徐々に中央政府のもとに統合されていくことになるが、そのとき制度上の中核になったのが、副官会議を原型とした閣僚会議である。

[24] アブドルアジーズの2番目の男子。1902年生まれ。のちの第2代国王。
[25] アブドルアジーズの3番目の男子。1906年生まれ。のちの第3代国王。

アブドルアジーズとイフワーンの対立

イフワーンのワッハーブ主義的信条は妥協を許さないものであった。ワッハーブ主義を受け入れない者はたとえムスリムでもカーフィル（不信者）と断定して激しく非難し、時には虐殺さえも辞さなかった。ところが、アブドルアジーズはヒジャーズに到着後、ヒジャーズの人々をそのようにあつかうことを禁じた。アブドルアジーズのこのような政治的判断を重視した政策に対してイフワーンは強く反発した。

イフワーンは現代の文明の利器、例えば、電話やラジオ・自動車・飛行機・蓄音器・映画などを「悪魔が作りだした」新奇なものとして排斥していた。しかし、アブドルアジーズは現代的な機器を率先して取り入れた。ジェッダで使われていた電信・電話のシステムはすべて受け継いで利用していた。そのことにもイフワーンは反発して、ジェッダの電話線などを切断していた。

イフワーンは一九二五年十二月にマディーナを陥落した頃から、統治の実権を主張しだした。イフワーンのなかでもとくに、マディーナ総攻撃の指揮官であったムタイル族のファイサル・ダウィシュがマッカとマディーナの知事をアブドルアジーズに要求した。しかし、アブドルアジーズはその要求を退け、三男のファイサルをヒジャーズの総督とした。

イフワーンの不満がくすぶるなか、一つの大きな外交問題に発展する事件が起こった。

それは、一九二六年六月のマフミル(輿)事件である。長年の慣例でエジプト政府が毎年、カアバ聖殿にかけるキスワ(黒い布)を巡礼時期にエジプトからマフミルへ運んでいた。つねに、マフミルは飾り立てられ、音楽隊がそれを率いて行進していた。この年も同様であったが、マッカにはいる直前に、音楽をきらうイフワーンはそのマフミルの行列を停止させようと突っ込んだところ、行列の警備隊が発砲して、イフワーンが四〇名、死亡した。アブドルアジーズはその警備隊指揮官を逮捕したが、巡礼後にイスラーム諸国会議をひかえていたので、処刑をおこなわなかった。イフワーンの遺族には賠償金と失ったラクダの代金を支払ったが、それでもイフワーンの仲間はその処置に不満が残っていた。エジプト政府もマフミル事件後、二度とキスワをマッカに送ることはなくなった。以後、キスワはサウディアラビアが自ら製造することになる。[26]

マフミル事件のこともあり、ヒジャーズ征服で活躍したイフワーンは十分な報償としての戦利品も得ることなく、アブドルアジーズへの反発が募ってきた。とくに、イフワーンの有力な三人の指導者、さきのダウィシュ、オタイバ族の族長スルターン・イブン・ビジャード、アジマーン族のダイダーン・イブン・ヒスレーンが一九二六年十二月、アルタウィヤ入植地[27]においてアブドルアジーズへの意見書を作成した。その内容は、以下の処置に対する不満の列挙であった。(1)マフミル事件後にアブドルアジーズの次男サウードをエ

[26] キスワについては,「コラム カーバ神殿のキスワ」『イスラーム——知の営み』(イスラームを知る 1)山川出版社,16 頁を参照のこと。
[27] 最初に建設された入植地(ヒジュラ)。リヤードから北に 255km。

ジプトに派遣したこと、⑵不信者の国イギリスと交渉するために三男のファイサルを派遣したこと、⑶イスラームの地で電信・電話・自動車を使用したこと、⑷ナジュドのムスリムに物品税をかけたこと、⑸ヨルダンとイラクの部族にムスリムの土地へ放牧を許可したこと、⑹東部地域のシーア派に対する寛容な態度を示したこと、などに対するものであった。

この意見書で注意すべきは、アブドルアジーズの統治に対する反意があげられていないことである。イフワーンはアブドルアジーズの統治を認めていたが、その政策にのみ反意を示したのである。

アブドルアジーズはイフワーンの不穏な動きを察知して、一九二七年一月末に、イフワーンの幹部やウラマーたちをリヤードに集め大集会を開催した。三〇〇〇人が集まったといわれている。そこで、アブドルアジーズはヒジャーズ征服の経緯や政治的方針などを説明したが、さきの三人の指導者は準備した意見書を突きつけた。アブドルアジーズはウラマーにイフワーンの要求について法的見解を求めた。外交にかんしては、すでにアブドルアジーズの考えで進められていたが、ウラマーから反対意見はなかった。またウラマーは電信・電話についてイフワーンの要求を退けた。シーア派にかんしてはイスラーム入信(ワッハーブ主義)を迫るか追放するかを王に要請した。イラクのシーア派の越境放牧についても、ムスリムの地（アラビア半島）で放牧することを禁じるように王に要求した。物品税についてはシャリーアに反するとした。ジハードにかんしては王がそれを宣言できる唯一の人物であると強調した。このように、ウラマーはアブドルアジーズの政策にかんしておおむね賛意を示していたが、シーア派については教義にかんすることなのでまったくゆずることはなく、課税についても「シェイフ」との盟約があるので許可を出すことはなかった。[28] 電話の利用にかんして、アブドルアジーズはウラマーに電話でクルアーンを朗唱させて、イフワーンに聞かせ、それが悪魔の機器でないことを納得させたとの話が伝えられている。イギリスとの条約締結については、アブドルアジーズは独自の論理をもって実施していた。アブドルアジーズは、第一次サウード朝、第二次サウード朝ともにイスラーム教徒勢力に崩壊させられた歴史的事実によって、警戒すべきは非イスラーム勢力よりもイスラームを標榜するイスラーム国家であると考えていた。ワッハーブ主義にとって、ワッハーブ主義を受け入れないイスラーム国家などは非イスラーム国家にすぎなかった。ならば、もともと非イスラーム国家とわかっている相手は相対的に問題のない無難な相手であるとしていた。

この大集会において、アブドルアジーズは「ナジュド・スルターン国」を「ナジュド王国」と改め、ヒジャーズと合わせて国名を「ヒジャーズ・ナジュド王国」とした。

28 以後，サウディアラビアにおける無課税をまがりなりにも遵守できたのは，石油の発見による安定的な収入を確保するにいたったからである。まさに，「シェイフ」の語ったとおりに，アッラーからの授かりものを受けることとなった。

イフワーン鎮圧

さらに、アブドルアジーズにとって厄介なことが発生していた。イフワーンはワッハーブ主義を教宣することを至上の命としてジハードを続け、クウェート、ヨルダン、イラクの境界線をこえてジハードを実践しようとしたのである。その領土拡大はこれら諸国の委任統治者であるイギリスの権益と衝突することとなるので、アブドルアジーズはそれをどうしても阻止しなければならなかった。イギリスの関心は、イラクのティグリス・ユーフラテス川下流域とトランス・ヨルダンの安全を確保することにあった。すでに、イギリスは両国の境界線をアブドルアジーズに認めさせていた。ウカイル議定書である。一九二二年十二月二日に、アラビア湾にある古い港町ウカイルで、イラクとナジュド、およびクウェートとナジュドの国境線を定めていた。中立地帯も設定された。[29] しかし、国境協定成立後もイフワーンの攻撃はおさまらず、とくにイラクがナジュドとの国境に設置した監視所への襲撃はあとを絶たなかった。その監視所設置はウカイル協定に反することであったので、アブドルアジーズはイギリスに抗議したが受け入れられなかった。アブドルアジーズはしだいに窮地に立たされた。

一九二八年十一月、アブドルアジーズはリヤードでウラマー、イフワーンおよび部族の

[29] 中立地帯の領域内には，軍事的な施設や恒久的な建物の建設は許されず，両国の遊牧民が中立地帯内の牧草地や井戸を自由に利用できるとしていた。

代表者の大集会を開催し、結束を呼びかけた。しかし、この集会にもさきにあげたイフワーンの有力な三人の指導者、ダウィシュ、イブン・ビジャード、イブン・ヒスレーンらは欠席をもって挑戦した。

ここでも、アブドルアジーズはウラマーに回答を求めた。ウラマーはイラク国境の監視所の存在について、「監視所は明らかに違反であり、王はそれを除去するように務めるべきである。しかし、対処方法は王の考えに任される。ジハードは義務であるが、その宣言は王の権限である」と回答を出した。ウラマーはイフワーンのジハードを進める考えにも理解を示したが、最終的に前回と同様に王の権限を支持している。

アブドルアジーズはウラマーの支持を得て、勝手な行動をするようになったイフワーンを弾圧すべきと決断した。すでに、イフワーンにしても不信者イギリスと条約を締結しているアブドルアジーズの打倒に動いていた。

ついに、一九二九年三月末に、アブドルアジーズは都市住民で構成した部隊で、アルタトーウィヤ入植地の近く、シビラにて、イフワーンの反乱軍と対戦した。アブドルアジーズ軍三万人に対してイフワーン反乱軍は八〇〇〇人といわれている。アブドルアジーズ軍の圧勝に終わった。さらに、翌年に再度、両軍は戦うことになるが、すでにさきの戦いで勝敗は決していた。このようにして、かつてはアブドルアジーズの王権拡張のために献身的な貢献をしたイフワーンを鎮圧した。ここに、厳格なワッハーブ主義によって統治することの限界があらわれていた。

修正ワッハーブ主義

一九三二年九月二十二日、アブドルアジーズ国王は、ヒジャーズのナジュドの複合王国を「サウディアラビア王国」の名のもとに統合した。本書の最初に説明したが、その名はアル・マムラカ・アル・アラビーヤ・アッ・サウディーヤであり、「サウード家のアラビア王国」を意味し、サウード家が支配・統治する王国であることを内外に誇示するものであった。

サウード家の伝統的な統治は、基本的にアラビア半島の族長制に立脚したものであり、ウラマーとの協力関係は、毎週おこなわれるウラマーとのマジュリス（評議会）でウラマーの意見を聞くかたちで実現されていた。ウラマーが見解を示す領域は社会のあらゆる面におよんでいた。「シェイフ」の子孫、いわゆるシェイフ家も宗教界の頂点にあって、サウード家の首長を助けていた。

さきにみてきたように、アブドルアジーズ国王はシェイフ家との同盟関係を再確認し、婚姻関係によって両家の結びつきを強固にした。アブドルアジーズ国王は、ワッハーブ主義の思想運動として、砂漠の民でワッハーブ主義・イフワーン軍団を組織し、アラビア半島の諸部族を強烈なワッハーブ主義の思想で統一した。

しかし、ワッハーブ主義の宣教運動と一体化したかたちでの征服・建国の動きが成功したのち、現在の領土が確保されると、アブドルアジーズ国王は国際環境の変化のなかで、近代国家への道をとらざるを得なくなり、ワッハーブ主義の原理を貫徹することができなくなった。

シェイフ家とサウード家の盟約のなかから、ワッハーブ主義の原理を確認すると、(1)タウヒード宣教のためにジハードを実施すること、(2)社会にワッハーブ主義を確立するため「善を勧め、悪を禁じる」を実施すること、(3)イスラーム法を完全に実施することであったが、それに照らしてサウディアラビア王国の状況をみてみる。

(1)のジハードは、国境問題で停止をよぎなくされた。ワッハーブ主義の宣教の本の出版に力をいれ、さらに宣教師を育成して、世界各地に宣教師を派遣することでウラマーを納得させることができた。

(2)においては「勧善懲悪委員会」を設立して、イスラーム主義の伝統を守り監督することによって、ウラマーとのあいだの軋轢を解消することができた。

(3)におけるイスラーム法の完全実施においては、全分野におけるウラマーの意見を取り入れるということであるが、これは完全には実施できなくなった。アブドルアジーズ国王が取り入れようとした近代的な制度や政策に対して、ウラマーはワッハーブ主義的な伝統に合致しないときには拒否反応を示した。アブドルアジーズ国王はいちおうウラマーの見解を聞きはするが最終的には彼の政策を実施していった。

国家建設の原理としての政教同盟はワッハーブ主義的イスラームの宣教を目的としていたが、国土の統一後、ワッハーブ主義イスラームはサウード家の統治の正当性を保障する道具となってしまった。宗教勢力は国家管理の強化やシェイフ家の衰退、他宗教家系の台頭などがあいまって、穏健化の一途をたどり、サウード王家の統治の正当性を擁護する体制派宗教勢力となっていった。そして、サウディアラビア王国はワッハーブ主義のタウヒードの教えを維持しながら、ハンバル法学を王国の公式イスラーム法学とした。これによって対外的にほかのイスラーム諸国と同様にスンナ派のイスラーム文化的伝統を受け継ぐ国とした。

石油と対米外交

アブドルアジーズ国王は国際情勢の変化を読み取るのに優れた感性を持ち合わせた人物であった。第一次世界大戦まではイギリスとの関係を重視していたが、大戦後から徐々に、アラブ世界に影響力を拡大してきたアメリカとの関係構築も探り出した。それは石油会社との契約から始まった。

国王は一九三三年五月、アメリカの石油会社、スタンダード・オイル・カンパニー・オブ・カリフォルニア(通称ソーカル)の子会社であるカリフォルニア・アラビアン・スタンダード・オイル・カンパニー(通称カソック)と石油利権にかんする合意文書に署名した。商業ベースの油田が発見されるのは、それから五年後の一九三八年三月初めのことである。ダンマーム第七油井からである。この一帯はダンマーム油田と呼ばれ、この油田をもとに一九四四年一月にカソックが社名を変更して、アラビアン・アメリカン・カンパニー(通称アラムコ)が創設される。アラムコはこの時点ではアメリカの石油会社であるが、一九八八年十一月に国有化され、サウディ・アラムコとなる。同社は現在、世界最大の石油会社である。

石油発見の翌一九三九年、第二次世界大戦が勃発し、終戦の四五年まで石油生産はほとんどが停止状態となった。しかも、戦争で海運状況も悪化していたため巡礼者の数も半減し、サウディアラビアは深刻な財政難に陥った。その危機にさいして、イギリスも援助をしたが、最終的にアメリカのローズヴェルト大統領が一九四三年二月に武器貸与法にもとづく援助供与をする大統領令を出し、サウディアラビアへの支援と関係強化に乗り出した。

▶1945年2月14日，巡洋艦クインシー上で，ローズヴェルト大統領とアブドルアジーズ国王との会談

そのアメリカの努力は、一九四五年二月十四日、スエズ運河に停泊する巡洋艦クインシー上で、ローズヴェルト大統領とアブドルアジーズ国王との会談というかたちで結実した。会談では、安全保障にかんすることはもとより、アメリカ企業による石油確保の確認がおこなわれた模様である。さらに、ローズヴェルト大統領はユダヤ人のパレスチナへの移住について同意を求めたが、それに対してアブドルアジーズ国王は強固に反対を示した。イスラーム国家として当然の対応であった。しかし、安全保障と石油については、このときから、アメリカがサウディアラビアの石油を手にするかわりにサウディアラビアは安全保障を手にいれることの暗黙の了解ができた。以後、両国の関係は石油を介して、経済面、および安全保障面で拡大し、緊密になっていくのである。[30] アメリカとの関係はたびたびイスラーム主義者から批判の的となり、サウディアラビアを悩ませることになる。

アブドルアジーズ国王はイスラーム国家「サウディアラビア王国」を建国したのち、このように外交面でも王国の存在を国際的に知らしめ、まさに「建国の父」と呼ばれるにふさわしい数々の偉業を成しとげ、一九五三年十一月九日、マッカから五〇キロ離れたターイフで死去した。遺体はリヤードに運ばれ、埋葬されたが、ワッハーブ主義の教えにのっとり、墓標の虚飾はなく、一個の墓石のみであった。

[30] アブドルアジーズ国王は，ローズヴェルト大統領との会談後(2月17日)，カイロ南西100kmのオアシスの町ファイユームでチャーチルイギリス首相とも会ったが，特段の話題もでなかった。すでに，アメリカとの話で十分であったからである。

Column #01

アブドルアジーズの家族

アブドルアジーズはアラビア半島統一、サウード王国建国に一生を費やした。その間に、多くの女性と婚姻を結び、たくさんの子を得ている。彼は三〇人の女性と結婚して、三六人の男子と二四人の女子を得ている。

妻たちの出自をみてみる。サウード家、シェイフ家、スデイリー家、バニー・ハーリド族、シャンマル族、ルワラ族、ダワースィル族(ドハイル家、ブライダ出身)、アニザ部族(ムフナー家、ブライダ出身)、スライマーン家(ブライダ出身)、カスィーム出身、などが明らかにされている。

スデイリー家はサウード家と旧知の仲である。シェイフ家はいうにおよばず、盟約の関係である。シャンマル族は北部一帯に影響力のある部族である。バニー・ハーリド族やルワラ族なども有力な部族として知られている。ほかはカスィーム地方出身やそのなかの邑ブライダ出身である。その地域はアブドルアジーズが半島征服に動き出した初期から信頼を築いた地域である。このように、婚姻関係によって、とくに有力な部族や信頼関係の厚い部族との関係を深めていった。アブドルアジーズは結婚と離婚を繰り返していたことが知られているが、一時期に四人の妻をこえることはなかったとある。なぜならイスラーム法により妻は四人までと制限があるからである。

アブドルアジーズの三六人の息子からは孫が男女合わせて五一六人生まれている。例えば、その内訳をみると、もっとも多いのは第二代国王となったサウードで一一〇人(息子五三人)の子がいる。第三代国王ファイサルには一九人(息子八人)、第四代国王ハーリドには一〇人(息子四人)、第五代国王ファハドには一〇人(息子六人)、第六代国王アブドッラーには三五人(息子一六人)の子がいる。現在、アブドルアジーズの子孫は五〇〇〇人近くといわれている。彼は国家統一後のサウード家による支配を念頭においていたのは当然である。そのため、統治方法として、王族による管理体制下のすべての重職を担うに足る人物の相当数をつくりだすことが必要となり、それには子孫の数をふやして、そのなかから適材適所の人物が選ばれればよいことになる。現在、サウディアラビア王国の重要な閣僚ポスト(外交・治安・軍事)はすべて王族によって占められ、一三州すべての知事も同様である。これがサウディアラビア王国の安定の基礎となっている。アブドルアジーズはまさにこの体制を夢みていたのであろうが、多くの妻との婚姻はその実現のための布石であったといえよう。

▲アブドルアジーズ国王の家族

アブドルアジーズ国王の子息一覧表

出生順位	王子の名前	出生および逝去の年月	王妃名(王子の母)
1	トルキー	1900－19	ワドハー・ビント・ムハンマド
2	サウード	1902－69	同上
3	ファイサル	1906－75	タルファ・ビント・アール・シェイク
4	ムハンマド	1912－88	ジョウハラ・ビント・ムサーイド・イブン・ジルウィー
5	ハーリド	1914－82	同上
6	ナースィル	1919－84	バッザ(1)
7	サアド	1919－93	ジョウハラ・ビント・サアド・スデイリー
8	バンダル	1921	バッザ(2)
9	マンスール	1922－53	シャヒーダ
10	ファハド	1923－2005	ハッサ・ビント・アハマド・スデイリー
11	アブドッラー	1924	ファハダ・ビント・アースィー・シュレイム
12	ミシュアル	1925	シャヒーダ
13	ムサーイド	1926	ジョウハラ・ビント・サアド・スデイリー
14	アブドルムフセン	1927－85	同上
15	スルターン	1928－2011	ハッサ・ビント・アハマド・スデイリー
16	アブドッラハマーン	1931	同上
17	ミトイブ	1931	シャヒーダ
18	タラール	1931	ムナイイル
19	ミシャーリー	1931	ブシュラー
20	バドル	1932	ハイヤ・ビント・サアド・スデイリー
21	トルキー	1932	ハッサ・ビント・アハマド・スデイリー
22	ナッワーフ	1933	ムナイイル
23	ナーイフ	1933－2012	ハッサ・ビント・アハマド・スデイリー
24	ファッワーズ	1934－2008	バッザ(2)
25	サルマーン	1936	ハッサ・ビント・アハマド・スデイリー
26	マージド	1938－2003	ムーディー
27	アブドルイラーフ	1838	ハイヤ・ビント・サアド・スデイリー
28	サーミル	1939－58	ヌーフ・ビント・シャアラーン
29	マムドゥーフ	1940	ヌーフ・ビント・シャアラーン
30	サッターム	1941	ムーディー
31	アハマド	1941	ハッサ・ビント・アハマド・スデイリー
32	ハズルール	1941－2012	サイーダ
33	アブドルマジード	1941－2007	ハイヤ・ビント・サアド・スデイリー
34	マシュフール	1941	ヌーフ・ビント・シャアラーン
35	ムクリン	1945	バラカ
36	ハムード	1947－94	フタイマ

出典：「アブドルアジーズ王の生涯——近代サウディアラビア王国建国の祖」に掲載された一覧表をもとに筆者作成

第二代国王サウードの治世

アブドルアジーズ国王の死後、皇太子であったサウードが第二代国王となり、ファイサルが皇太子となった。第二代国王となったサウードは伝統的な族長としてのアラブの王であった。しかし、それでは急激に動き出した時代に対応するには困難であった。

周辺アラブ諸国の状況はアラブ主義が席巻しており、国内ではそのあおりを受け、王族のなかから自由主義者がでて活動を始め、王族内部でも意見が分かれていた。

隣国エジプトでは、一九五二年七月、ナセル大佐が王制打倒クーデタに成功し、アラブ民族運動が力をもち始めた。一方、サウード国王はイラク・ヨルダンの両ハーシム王国に対抗するためにも、エジプトと手を結んだほうが良いと考え、一九五五年十月、サウディアラビアはエジプトと相互防衛条約に調印した。

一九五六年十月のスエズ動乱[31]では、サウード国王はエジプトを支援し、英仏に対して原油輸出を禁止する行動にでた。原油輸出禁止によって、アラムコが直接、打撃を受け、サウディアラビアの収入も減少し、ついには公務員の給与の支払いまで延期するほどであった。

一方、アラブ民族主義がサウディアラビアの君主制にも重大な危機をもたらすことに気づいたサウード国王は、ナセル大統領と手を切る方向に外交の軌道修正をおこなった。サ

[31] エジプトのスエズ運河国有化に端を発する第2次中東戦争。

ウード国王はナセル大統領との対抗手段として今まで敵対していたハーシム家とも和解をして、アメリカとの仲をより強固にする決意をした。

サウード国王は一九五八年三月にナセル大統領暗殺を計画したが、ナセル大統領に知られるところとなって、エジプトとは決定的に対立した。

王国の財政危機や外交の失敗をみかねて、年長王族たちは一九五八年三月二十三日、サウードに国王として名目的地位にとどまり、ファイサルを首相とするように迫った。サウード国王は不承不承それを受け入れ、勅令を発して、実権をファイサルに委譲した。ファイサルは経済改革に取り組み、一年もしないうちに一定の成果をあげていた。だが、一九六〇年十二月にファイサルが出した予算案をサウード国王が承認しなかったことで、ファイサルは首相を辞任することになった。そのあとを受けて、サウード国王がふたたび首相となり、新内閣を組閣した。入閣者にはサウードの息子や自由プリンスと呼ばれたタラール[32]やバドル[33]、テクノクラート、平民らがいる。しかし、タラールが憲法制定の動きをしだしたことに対して、ウラマーが「クルアーンとスンナ以外に憲法はあり得ない」と激しく反発した。サウード国王も憲法制定を否定し、タラールと衝突した。タラールは政権を掌握しようとして失敗し、自由プリンスたちとカイロに亡命した[34]。

当時、サウディアラビアの隣国、北イエメンでは内戦(一九六二〜七〇年)が勃発し、エ

[32] アブドルアジーズ国王の18番目の男子。1931年生まれ。
[33] アブドルアジーズ国王の20番目の男子。1932年生まれ。
[34] タラールは1964年2月に帰国。ほかの自由プリンスたちもそれ以前に帰国した。

ジプトは共和派を支援し、サウディアラビアは旧イエメン王国の王党派を支援した。このことによって、さらにエジプトとのあいだが険悪になっていた。そのような地域情勢にサウード国王では対応できないとして、ふたたび主要な王族とウラマーたちがファイサルに全権を委譲するようにサウード国王に強く迫り、国王はそれに応じた。一九六二年十月にファイサルが首相となり、新内閣を立てて、サウード内閣を一掃した。そのときに、ファイサルが首相兼外相、ハーリドが副首相、ファハド[35]が内相、サルマーン[36]がリヤード州知事[37]となり、その後の政権の基礎となっている。

サウード国王はその後も、ファイサルの権限掌握を不服とし、政権奪回を目論んでいた。ファイサルはあくまでも合法的な王位継承を求め、当時の最高法官ムハンマド・イブン・イブラーヒーム・アール・シェイフ師(一八九三〜一九六九)に相談した。そこで、ムハンマド師は全国のウラマー会議を開催し、一九六四年三月二十九日にウラマーの合意として、「サウードは国王にとどまるが、外交、内政に関わる全政務をファイサルに移譲する」内容のファトワー(イスラーム法的見解)を出し、サウード家の長老たちもこれを受け入れた。三十日の閣議でファトワーをもとにファイサルが国王代理と決定された。

さらに、同年十月二十八日、最高法官ムハンマド師のもとに集合したウラマー六五人はファイサル国王代理を国王に推戴することに合意した。一方、主要王族約一〇〇人が出席

35 アブドルアジーズ国王の5番目の男子。1914年生まれ。第4代国王。

36 アブドルアジーズ国王の10番目の男子。1923年生まれ。第5代国王。

37 アブドルアジーズ国王の25番目の男子。1936年生まれ。現皇太子。ファハドとサルマーンは同じスデイリー家の母をもつ7人兄弟であり，スデイリー・セブンと呼ばれ，王家のなかで大きな影響力をもっていた。

した「最高王族会議」も開かれ、同様の決定をくだした。十一月二日におこなわれた閣議において、王族会議とウラマー会議の決定が確認され、サウード王の退位と、ファイサルの王位継承が発表された。これによって、ファイサルが第三代国王として忠誠の誓いを受けることになった。サウードは翌一九六五年一月三日、正式に退位を認め、ファイサルに忠誠の誓いの文書を送り、六日にギリシアに渡り、晩年を過ごし、一九六九年二月二十三日他界した。遺体はマッカに運ばれ、ハラーム・モスクにおいて葬儀の礼拝がおこなわれ、リヤードの墓地に埋葬された。

国王が存命中に王位が継承されたのは、サウードのみである。あやうく王位継承によってサウード王家分裂が起こりそうになったが、それを回避することができた。危機回避の要因は、王族最高会議の合意もさることながら、当時はまだ王族や部族全体に対してウラマーの影響力が大きかったことがあげられる。そして、第二次サウード朝崩壊の教訓が生きていたといえる。

▶アブドルアジーズ国王（中央）とサウード第２代国王（右）とファイサル第３代国王（左）

第3章　近代化とイスラーム的伝統の維持

ファイサル国王による近代化

ファイサルは一九六四年十一月に国王に就任したあと、まず、次弟のハーリドを皇太子に任命した。サウード国王の時代に、ハーリドはすでに副首相に任命されていたので当然の措置であった。

ファイサル国王は皇太子時代、一九六二年十一月六日に改革プログラム一〇項目を発表しており、それにそって、さまざまな制度化をおこない、近代国家の体裁と機能を整えていった。一〇項目は「統治基本法」の制定、社会教育の充実、国民生活のインフラ整備、奴隷制度廃止などである。奴隷制度については、翌七日に法制化され廃止された。

しかし、ファイサル国王は「統治基本法」については、クルアーンとスンナによる統治で十分であるとして、その制定に着手しなかった。一方、ほかの項目については徐々に実行に移していった。石油収入を国民の社会福祉と国家の近代化に費やし、病院・学校・道路・港湾・工業用地・電話・水道など基本的なインフラを建設した。社会福祉の面では、教育や医療の面では無料とし、米やパンなど生活必需品には補助金を出して価格を抑え、水・電気・ガソリンなどの公共料金にも補助金をあてて、料金を低く設定した。当然、所得税を徴収することはなかった。そして、近代化を進めるにあたり、イスラーム的伝統をそこなわないように配慮していた。

とくにワッハーブ主義勢力から反発を受けることになったのは女子教育とテレビ放映である。教育は男女別学であり、男子には新たに大学が開校され、技術的教育も進められ職業訓練校などが開校されたが、女子教育については慎重に対処しなければならなかった。ファイサル国王はウラマーの集会で、「クルアーンのどこに、女性の教育を禁じているのか」と問い、ウラマーが言葉に詰まっていると、続けて「すべてのイスラーム教徒には学ぶ権利がある。そのために私は多くの学校を開設する。そこで学びたい女子がいれば、家族はそれを禁ずることは許されない」と告げた。女性が社会にでることを拒む地域的慣習を重んじる宗教界を納得させるために、女子教育庁を設立し、宗教界に女子教育を管理させることで、一九七〇年に最初の女子学部を開校した。

映画は禁止されたままであったが、テレビ放映についてはファイサル国王が一九六三年に情報省を設立し、六五年にリヤードにテレビ局を開設した。ワッハーブ主義者は西洋文明の影響を受けやすくなるテレビ放映に強い抵抗を示したが、最終的にテレビ放映を認めるかわりに、宗教番組製作などの諸条件を強要し、ファイサル国王と合意に達した[38]。

ファイサル国王の急激な近代化はさまざまな社会問題も生み出していた。一つは、近代化に反対するイスラーム保守派の抵抗である。もっとも有名な事件は一九六五年九月末、テレビ局開局に反対するイスラーム保守グループが首都リヤードでデモをおこないファイサル国王の政策に異議を唱えたのである。このグループのなかにはファイサル国王の甥であるハーリド・イブン・ムサーイドも参加していた。デモグループを取り締まるための警察官との銃撃戦に巻き込まれて、ハーリドが射殺される事件が起きた。テレビ局開局はこの事件の二年後であった。

さらに、一九七〇年代にはいってからの第一次五カ年計画によって、外国人労働者が大量に入国してきたことによって、彼らが持ち込む生活様式や、あるいは飲酒・ギャンブルなどの道徳的頽廃が大きな問題となっていた。そのような社会風紀を正す役割として「勧善懲悪委員会」の活動が重視された。

「勧善懲悪委員会」はワッハーブ主義の教義に背く者を取り締まるために、その原型は一九〇三年に設立されたが、三〇年の勅令で国家の管理下におかれた。一九七六年には、

[38] テレビ放映における合意：
・テレビ放送はクルアーン読誦で始まりクルアーン読誦で終了すること。
・礼拝時間には一般放送を中断すること。
・世俗主義思想をあおるような政治的番組を禁じること。
・性的表現や無神教的表現を禁じること。
・歴史的番組やイスラーム的番組を中心におこなうこと。
・反イスラーム法的表現をイスラーム的表現に変更すること。
・イスラーム教育番組を多くすること。
・世俗主義者とのインタビューの禁止，等々。

同長官は大臣等級あつかいとなり、ついで委員会は七九年の勅令で首相直属の独立機関となった。委員会はワッハーブ主義者の牙城で、いっぱんに宗教警察といわれている。委員会には独自の逮捕権はないので、委員会のおもな活動は警察官に随行して市中をパトロールしてまわることである。取り締まる対象は、イスラーム的道徳規範に反する行為である。例えば、アルコール飲料の密造や販売、麻薬の販売、未婚男女の交流、礼拝の不徹底などである。とくに、礼拝時に営業している店舗などには厳しい指導がおこなわれた。また、女性の服装などにも厳しい目が向けられており、肌がみえる服装などには厳重な注意がなされた。教義上の関連では、神秘主義的行為や魔術的行為の集会などが取締りの対象である。委員会の市中パトロールでは、時折、行きすぎた取締りが問題とされることがあった。[39]

宗教界改編

ファイサル国王がめざした「近代化」は、イスラーム的伝統を保持しながら、自国民に近代的生活を享受させることを目的としていた。近代化とイスラーム的正当性を二つの柱とすることは、ファイサル国王路線の基幹をなしている。その二つの柱の統合を実現する方法として、ファイサル国王は宗教勢力独自の影響力を抑制させるために、政府

▶アルダ（サウディアラビアの伝統的剣の踊り）**を踊る王族**　左からハーリド（第４代国王），ファイサル（第３代国王），ファハド（第５代国王），アブドッラー（第６代国王）。近代化されても部族民アイデンティティの表現として祝宴などで男たちは剣をたくみにあやつり踊る。

の枠組みのなかにおさめることを考えていた。それは、宗教界改編と呼ぶべき大変な作業であった。

ファイサル国王は最高法官であるシェイフ家のムハンマド・イブン・イブラーヒーム師(一八九三〜一九六九)が死去すると最高法官の座を空位として、一九七〇年に司法省を設置し、シェイフ家以外のムハンマド・ハラカーン師[40](一九一四〜八二)をその職に任命した。国家による宗教界の権威削減と司法制度の管理強化であった。

ファイサル国王は、ウラマーが発言できる領域を一部の司法分野と純粋な宗教的教育の分野のみに限定して、政治や外交政策の分野に口出しをさせないようにした。しかし、この宗教界の改編は、ファイサル国王にしても最高法官ムハンマド師が没するまでは着手できなかった。ついで、ファイサル国王は一九七一年に最高ウラマー会議を設置した。最高ウラマー会議は政府の政策がイスラーム法に抵触していないことを示す役目を担っている。つまり、ウラマーが政策に意見をはさむのではなく、政府から出された政策にイスラーム的正当性を保障する役目である。同会議のメンバー一七名のうちシェイフ家は一人だけであった。宣教の分野では、一九七三年に「イスラーム研究・イスラーム法布告・宣教・善導総庁」長官に前最高法官の子息イブラーヒーム・アール・シェイフ師(一九二五〜二〇〇七)が任命されたが、一九七五年にシェイフ家以外のビン・バーズ師

39 地方における「勧善懲悪委員会」の活動は，市中パトロールだけではなく，住民の揉め事の仲裁にも一役かっている状況がある。筆者は東部州のホフーフの委員会事務所にて日中を過ごしたことがあるが，そこでは商店の店主と客が値段の交渉でもめてしまい，その調整を求めて，事務所に駆け込んできたことがあり，無事に事を解決していたのをみている。委員会は地方社会の治安に一役かっている。

40 ジェッダで16年間，裁判所の長官を務めた人物。温厚な性格で知られていた。

（一九一二〜九九）[41]が起用された。以後、ビン・バーズ師が最高ウラマー会議の議長も務め、宗教界を代表するようになった。

イブラーヒーム・アール・シェイフ師は一九七六年から、司法相に就任している。サウディ政府は、前最高法官の影響を排除するため、さらにイブラーヒーム・アール・シェイフ師の影響力を確かめたあとに司法相につけ、前最高法官のように政府に苦言を呈さないことを確かめたものと考えられる。前司法相のムハンマド・ハラカーン師は世界イスラーム連盟（後述）の事務局長に就任した。

サウディアラビアのウラマーは国家機構に吸収された特殊な官僚となった。サウディアラビアの宗教勢力は牙をぬかれ、穏健化の一途をたどり、体制派ウラマーとしてサウード家の統治の正当性を擁護する体制派宗教勢力となった。

サウディ政府はシェイフ家に対しては、宗教界の代表職からはずしたかわりに、シェイフ家の権威を認め、敬意を示し、司法相・教育相・商工相のポストを与えた。しかし、明らかに、この人事はシェイフ家の勢力の分散化と宗教界全体の弱体化をねらったものであった。

ファイサル国王はこの宗教界改変によって、「王国がシャリーアを施行するイスラーム国家であること」を「最高ウラマー会議と司法省が存在すること」で国民に知ら

▶**宗教界改編で「イスラーム研究・イスラーム法布告・宣教・善導総庁」長官に就任したビン・バーズ師**（のちの最高法官）

しめたのである。なぜなら、この二つの機関にイスラーム法学者とイスラーム裁判官を集約させたからである。イスラーム法的見解の発出とイスラーム法的裁きはこの二つの機関の権限となる。重要なのは、この二つの機関は、今後、王国がいかなる事態に陥ったとしても、王国とサウード家のイスラーム法的正当性を保護する役目を担うことである。さらに、その任務を全うできない場合には、機関内部の改編が起こることになる。

ファイサル国王の汎イスラーム主義と対米政策

ファイサル国王はアラブ社会主義国家体制に対抗するかたちで、湾岸の王制諸国を糾合し、イスラーム諸国に対してもイスラームの共同体意識による団結を呼びかけた。ファイサル国王は一九六九年八月二十一日のイェルサレムのアクサー・モスク[42]炎上事件を契機に、イスラーム諸国にイェルサレム解放を訴え、一九六九年九月二十二日から二十五日にかけてラバトにおいて最初のイスラーム諸国首脳会議が開催された。会議には二四カ国が参加し、イスラーム諸国会議機構(OIC)[43]創設が決議された。現在、OICは加盟国六〇カ国となり、さらに二〇をこえる下部組織をかかえるイスラーム世界を代表する国際的組織となっている。

一方、イスラーム宣教組織として、ファイサル皇太子時代に世界イスラーム連盟が一九

41 リヤードの学者の家に生まれ，幼少時からイスラーム教育を受ける。16歳頃から元最高法官ムハンマド・イブン・イブラーヒーム・アール・シェイフらナジュドの学者のもとでイスラーム諸学をおさめる。眼病で19歳にして全視力を失う。1938年から13年間裁判官を務めたのち，教職につき，70年から5年間マディーナ・イスラーム大学学長を務める。

42 イスラームの最初の礼拝の方向(キブラ)であり，第3の聖地である。預言者ムハンマドは一夜にしてマッカ(メッカ)からイェルサレムに夜間飛行をおこない，そこからアッラーのもとへ昇ったと伝えられている。

43 名称(OIC：Organization of the Islamic Conference)を2011年以降，イスラーム協力機構(Organization of Islamic Cooperation)としている。

六二年五月に設立されている。世界イスラーム連盟のアラビア語の正式名称はでラービタ・アル・アーラミ・アル・イスラーミーであり、通称ラービタと呼ばれている。ラービタはサウディアラビア・マッカを本部として設立された民間国際宗教団体である。現在、世界各国に三五の海外事務所と一七のイスラームセンターを開設している。

ラービタの予算は全額、サウディアラビアの寄付であり、ＯＩＣの予算もその七〇％以上がサウディアラビアからの寄付である。二つの機関の現代的な役割をみることで、サウディアラビアの考える国際的なイスラーム的方向性が理解できる。ＯＩＣはイスラーム世界におけるフォーラム的性格を有し加盟国間の意見交換の場と機会を与えており、イスラーム世界の総意として、首脳会議や外相会議の決議事項を世界にアピールするイスラーム世界の政治広報的な役割をはたしている。ラービタの活動は設立委員会とモスク世界委員会が定期的な会議を開催して、世界各国のイスラーム問題にかんするイスラーム法的見解を出して世界に向けて発信している。ラービタのイスラーム法的見解は、ワッハーブ主義的主張ではなく、中道的な見解である。このことから、サウディアラビアは国内的にはワッハーブ主義の宣教に力をいれながらも、国際的には、イスラーム世界の総意を重視し、中道的なイスラームの指導的立場を保とうとしていることが理解できる。

サウディアラビアはこのようにしてイスラーム世界で指導的立場を確立していく一方で、

アメリカとの同盟関係も深めていった。アメリカの中東政策は第二次世界大戦後、「ソ連共産主義の封じ込め」「アラブ石油の供給確保」「イスラエルの安全確保」を柱としていた。ここで、サウディアラビアは対ソ連と石油確保ではアメリカに貢献した。ソ連はアラブ共和制国家陣営を積極的に支援し、中東において勢力を拡大していたが、第三次中東戦争におけるエジプトの敗北により、急進的なアラブ民族主義が終息するとともに、中東におけるソ連の影響力も陰りをみせてきた。とくに、エジプトに対して、サウディアラビアは積極的な支援をして、一九七二年にはソ連離れを成功させた。しかし、三番目の柱であるイスラエルの安全確保が、以後、サウディアラビアを苦しめることになる。

その最初の試練が第四次中東戦争における、石油戦略であった。

一九七三年十月六日、エジプト・シリア両軍はイスラエルに対する戦闘を開始し、第四次中東戦争が勃発した。アラブ側は緒戦で優勢に戦いを展開したが、十月半ば頃までに、米国から大量の武器を緊急空輸されたイスラエルが大勢を立て直し、反撃に転じ始めた。これに対して、十月十七日には、アラブ石油輸出国機構(OAPEC = Organization of the Arab Petroleum Exporting Countries)諸国が、原油生産の段階的削減を決定し、十月二十日以降、イスラエル支持国(アメリカやオランダなど)への石油禁輸を決定した。決定する直前までファイサル国王はアメリカに対する禁輸をためらっていたが、なおもアメリカがイスラエルへ緊急軍事援助をする姿勢をくずさないことを知り、苦渋の選択のすえ、「石油武器戦略」に踏みきった。結果として、アメリカとソ連が仲介して戦争は十月二十二日に停戦した。一九七三年十二月にはジュネーヴにて中東和平会議が開催された。石油禁輸は一九七四年三月十八日になってようやく解除された。

石油戦略によって、サウディアラビアは結果的に米国に対して一定の圧力をかけ、アラブ諸国のなかで指導的立場を確立することができた。この戦略の影響によって、石油価格は一気に四倍にはねあがった。サウディアラビアの石油収入は一九七三年には四三億ドルであったものが七四年には二二六億ドルになり、その後もふえ続け、空前の石油ブームをむかえた。しかし、石油収入の急激な増大は新たな問題を生むことにもなった。

安定した王位継承と近代化への不安

石油戦略の成功もあり、ファイサル国王の名声は国内外で高まる一方であったが、突然の悲劇が国王をおそった。一九七五年三月二十五日、甥のファイサル・イブン・ムサーイド[44]が王宮殿でクウェート石油相と接見中のファイサル国王をピストルで射殺したのである。犯人のファイサルは、一九六五年九月のテレビ局事件で射殺されたハーリド・イブン・ムサーイドの弟で、暗殺の動機は兄の復讐であったとみられている。しかし、王国は混乱が

[44] 父親のムサーイドはアブドルアジーズ国王の13番目の男子である。1926年生まれ。

起こることなく、最高王族会議が開かれ、ハーリド皇太子が王位についた。ファハドが皇太子兼第一副首相となり、第二副首相には、アブドッラーが就任し、国家警備隊司令官も引き続き務めることになった。外相にはファイサル国王の四男サウードがあたった。

ハーリド新国王は伝統的価値観の強い人物であったが、ファハド皇太子は近代派・親米派であった。ファイサル国王は伝統的価値観を重視しながら、近代化の推進をおこなったが、その方針をハーリド国王とファハド皇太子が受け継ぐことになった。しかし、ハーリド国王は当初から病身であったため、ファハド皇太子が実質上、国政を取り仕切ることとなった。

ハーリド・ファハド体制はファイサル国王の近代化計画をさらに進めていった。それは第二次五カ年計画によって着実に実行された。第二次五カ年計画は第一次に比べると一〇倍の予算が組まれていた。しかし、ファイサル国王時代から問題になっていたイスラーム的伝統への影響が懸念されるようになってきた。第二次五カ年計画の指針のなかにはイスラームの道徳的価値感の維持があげられていたが、サウディ政府としても、近代化にともなうイスラーム的伝統への悪影響を感じていたからであろう。その懸念は内務省の締め付けにもあらわれていた。女性の一人旅や男性にまじっての就業を禁じたり、外国人滞在者に不適切な服装で出歩いたり、十字架を携帯したりしないように警告していた。

ハーリド国王の時代はサウディ周辺で大変動というべき事態がつぎつぎに起こり、サウディ国内にも大きな影響を与えた。その一つがイランのイスラーム革命である。

シーア派問題の噴出

イランでは、反政府運動が激化するなかで、パフラヴィー国王(在位一九四一〜七九／一九八〇年没)が一九七九年一月十六日に国外に脱出し、二月一日にホメイニ師が亡命先のパリから帰国し、国民の熱狂的な歓迎を受け、「イスラーム革命」が成立した。

イスラームによってイラン王制を打倒した革命の登場は、イスラームによって王制をつくったサウディアラビアの建国原理を真っ向から否定するものであった。[45] 革命後、毎年、マッカ巡礼でイラン巡礼者が反米デモをおこない、サウディ治安部隊とのあいだで緊張状態が続いていたが、ついに一九八七年七月三十一日、マッカでイラン人巡礼団が治安部隊と衝突し、四〇二人が死亡する事件が起きてしまった。この事件を契機に、サウディアラビアは一方的にイランとの外交関係を断絶した。この冷えた関係は一九九七年十二月のイスラーム諸国首脳会議にアブドッラー皇太子(当時)が出席するまで続いた。

一方、イスラーム革命の成功はイランの対岸にあたるサウディ東部州のシーア派住民にも大きな影響を与え、シーア派住民からサウディ国民としての権利を主張する声があがり

[45] 革命後のイランに対抗するために，1981年5月，サウディアラビア・アラブ首長国連邦・クウェート・カタール・バーレーン・オマーンの湾岸諸国6カ国は湾岸地域における共通規制・経済発展・共通通貨・人的交流などの推進をめざして，湾岸協力会議(GCC)を創設した。

始めた。東部州にはイランと同じシーア派（十二イマーム派）一二〇万人ほどが居住している。シーア派教徒はワッハーブ主義者からの迫害[46]の歴史を綴りながらも、国内に少数派として生き続けてきた。シーア派教徒が居住している東部州は大油田地帯をかかえ、イラクを頭上に、イランを対岸にひかえている軍事的にも経済的にも重要な地域である。[47]
一九七九年十一月二十九日、東部州カティーフ市にてアーシューラー（フセイン追悼行事）[48]を挙行しようとしたシーア派住民と国家警備隊との衝突が起こり、多数の死傷者がでた。暴動直後、アハマド[49]内務副大臣が暴動現場視察に訪れ、シーア派の代表と会談をおこない、シーア派国民が一般的社会生活で困窮している現実をあらためて確認した。アハマド内務副大臣は政府への協力を条件に東部州シーア派地区の経済開発の促進などを約した。同時に、治安をみだす者へは政府はさらなる厳しい処罰をくだすことを宣言した。暴動から一年後には、ハーリド国王が東部州を訪問し、シーア派の代表と会談した。会談直後に、政府はカティーフ地域の開発に特別予算を発表し、同地区の改善に着手した。シーア派住民は政府の対応に喜びながらも、スンナ派住民と

46 シーア派は，預言者の権威は死後ただちに従弟であり娘婿であるアリー，そしてその子孫に引き継がれると主張する人びとによって形成された。シーア派のなかでも，だれが権威を引き継ぐかで見解が分かれ，12人のイマーム（指導者）を立てる十二イマーム派，5人目のイマームで分かれたザイド派や7人目のイマームで分かれたイスマーイール派などいくつかの分派に分かれた。ワッハーブ主義のシーア派に対する見解について，最高法官ビン・バーズ師のファトワー「件名：シーア派についての見解」（1988年）からの抜粋を紹介する。
「シーア派には多数の分派があり，全ての分派は多くのビドア（教義的な逸脱）を有している。最も危険な分派は十二イマーム派である。同分派は最大勢力を有し，教義的にはシルク（多神崇拝）である。例えば，同分派は預言者ムハンマドの末裔のイマーム12人が特別な能力を有し，不可視界に通じていると信じており，さらに，アブーバクルやウマルなどの預言者ムハンマドの教友らを不信徒とみなし，彼らを非難している」
47 ヒジャーズ地方の南部にはシーア派のイスマーイール派やザイド派が存在している。
48 アラビア語で10を意味する語から派生し，ヒジュラ暦ムハッラム（1）月10日のことを指す。ヒジュラ暦61（西暦680）年のこの日預言者の孫であり十二イマーム派でいう第3代イマーム，フサインの一行がカルバラーで殺害されたことから，シーア派信徒はイマームの殉教を哀悼する行事をおこなう。
49 アブドルアジーズ国王の31番目の男子。1941年生まれ。

同権利を得るまでにはなっていない状態に不満を払拭できないでいた。以後、地下にもぐったシーア派反体制派グループは、たびたび事件を起こしており、東部州は一九九三年の秋にシーア派と政府の和解が成立するまで、緊張状態は続いていた。

源流ワッハーブ主義からの挑戦

東部州で騒動が起こる数日前に、マッカでは大事件が起こっていた。

ヒジュラ暦[50]十五世紀はサウディアラビアばかりかイスラーム世界を驚愕させる大事件で幕をあけたのである。一九七九年十一月二十日(火)はイスラーム暦一四〇〇年元日であった。この日、マッカの中心にあるハラーム・モスクが武装者三〇〇人ほどに占拠されたのである。占拠全体の軍事指導者はジュハイマーン・ウタイビーといった。彼は一人の男の手をとり、「待望されるマフディー(救世主)が現れた」と宣言した。マフディーと呼ばれる男は二十七歳の若者、ムハンマド・イブン・アブドッラーであった。ハラーム・モスクの扉をすべて閉じ、立て篭もった。治安部隊がモスクの周辺を取りかこみ、まもなくして銃撃戦が始まった。

翌二十一日、ナーイフ内相は声明を出し、治安部隊の攻撃にはウラマーのファトワーを得ていることを明らかにした。そのファトワーによれば、ハラーム・モスクを占拠した武

[50] 預言者ムハンマドがマッカからマディーナへ移住(ヒジュラ)した622年を元年とする。イスラーム暦とも呼ばれる。イスラーム世界の公式の暦である。

装者たちはイスラームの信仰を逸脱した者たちであり、彼らを討つために、モスク内で武力を行使することは法に違反しない、というものであった。

結果的に、治安部隊が事件を掌握するまでに二週間を要した。十二月五日(水)午後、ジュハイマーンが逮捕された。犯人の死者数は七五人、逮捕者一七〇人であった。治安部隊の犠牲者は六〇人、負傷者二〇〇人である。六日(木)、ハーリド国王がハラーム・モスクにおいて日没の礼拝をおこない、このときから、一般にハラーム・モスクが開放された。七日(金)、ハラーム・モスクの清掃後に三週間ぶりに金曜合同礼拝がおこなわれた。金曜日の礼拝がおこなえなかったということは、サウディアラビア始まって以来のことであり、いやそれどころか、千年以上にわたって絶えてなかった不祥事であった。後日、占拠者全員が斬首の刑に処せられた。

ジュハイマーンの主張はなんであったのであろうか。二つの側面から考えてみる。一つは彼の出自である。彼の祖父は、一九二九年のシビラの戦いで殲滅されたイフワーンに属していた。このことからジュハイマーンを首謀者とする武装者たちは第一代国王アブドルアジーズが創設したワッハーブ主義軍団イフワーンの流れを汲む者たちであるとみられている。国益を重視するサウード王家が、激しいワッハーブ主義の主張を緩和して、ジハードを放棄し、欧米と条約を結び、欧米の文化を取り入れたのに対して、彼らは純粋なワッハーブ主義をもち続け、ワッハーブ主義の建国原理の実施を求めたと考えられる。まさに修正ワッハーブ主義に対する源流ワッハーブ主義の挑戦である。ジュハイマーンの主張で源流ワッハーブ主義と違うのは、サウード家の統治の正当性を古典的カリフ論から否定したことである。カリフの条件の一つには「クライシュ族出身」とあることから、サウード家はクライシュ族出身ではないゆえに、イスラーム世界の統治者になることはできないと主張した。もう一つの側面がマフディーを持ち出したことである。マフディーとは、終末にあらわれる救世主であり、イスラームを再確立する人物である。マフディーがあらわれることはやがてこの世が終わることを意味するのである。マフディーがあらわれる一つの条件として、この世が不正と圧制に満ちていることである。マフディーがそれを正して、地上に正義と公正を満たすのである。ジュハイマーンたちはサウード王家の支配に堕落と圧制をみていたということなのであろう。つまり、ワッハーブ主義の建国原理の修正は堕落と圧制を生み出すとの主張であったといえる。これらの主張はすべて先のファトワーによって否定された。すなわち、イスラームの信仰を逸脱した者の主張とみなされたのである。

ファイサル国王の時代からめざしたイスラームの伝統を維持しながら近代化を進めるということの難しさが如実にあらわれたかたちとなった。

▲ハラーム・モスク襲撃事件後初の礼拝　前列左からアブドゥッラー第２副首相(第６代国王)，ファハド皇太子(第５代国王)，ハーリド第４代国王。

▲ハラーム・モスク襲撃当時の状況

Column #02

ビン・バーズ師の政治的姿勢

サウディアラビアの宗教界に二〇年間君臨したビン・バーズ師の政治的姿勢がサウディ体制派宗教勢力の政治的姿勢といえるので、同師が統治者と民衆の関係について、どのような考えをもっていたかをみることにする。

まず、統治者の命令について＝統治者のイスラーム法にそくした命令には民衆は服従しなければならない。それによって、国家の行政は成り立ち、国民生活は安定し、治安は護られるのである。だが、統治者のイスラーム法に反した命令には、民衆は服従する必要はない。

民衆が統治者に立ち上がるときについて＝民衆が統治者に力でもって立ち上がるときは、以下の二条件を満たしたときである。その二条件とは、(1)統治者に明らかに不信仰性が認められたとき、(2)民衆の改革者が社会に害をおよぼすことなく変革をおこなうことができる力を備えているとき、である。たとえ、統治者に不信仰性が認められたとしても、改革するに十分な力を備えていなければ、力で反抗することは許されない。

不信仰性について＝不信仰性とはイスラーム法的に非合法な行為そのものを指していうのではない。行為者が非合法な行為を合法と明言することによって、不信仰性が認められるのである。たんに非合法な行為をおこなった者は信仰の弱い不忠者となり、その者にはイスラーム法の刑罰が科せられるのである。

不忠者を不信者とするのはハーリジ派思想(イスラーム法的義務の怠慢は不信者とみなす一派)を受け継ぐ者であり、スンナ派では不忠者はあくまでもイスラーム教徒である。

統治者に非合法な行為がみられても、それだけを理由に民衆は統治者に反抗することは許されない。民衆は統治者に非合法な行為を改めるまで忠告を続ける必要がある。この考え方に反対して、過激な行動を主張する者がいるが、その者はスンナの意図するところを理解していないのである。スンナの意図するところはつねに公益であり、短絡的で過激な行動による社会秩序崩壊ではない。改革者自らイスラーム法を侵す行動をとってはならない。

以上のようなビン・バーズ師の考えはスンナ派の穏健な考え方の代表的なものである。それに加えて、サウディ建国の過程をみてきたビン・バーズ師にとっては王国の安定と平安をみだす者はいかなる理由であっても許すべからざる者となるのであろう。建国時の教育における同師の努力を認めるかたちで初代国王がビン・バーズ師に支援したことなどは見のがせない事実である。

政府のイスラーム強化政策

サウディ政府はハラーム・モスク占拠事件によって、聖地の管理能力を問われる結果となったが、イスラーム世界からの疑惑を払拭するために、国内のイスラーム的慣習を強化し、イスラーム施設への援助、イスラーム教育の強化などをおこなった。

まず政府は民主化政策実施の姿勢を示した。ジュハイマーン一派を処刑した四日後の一九八〇年一月十三日、ファハド皇太子は「統治基本法」の制定と「諮問評議会」の設置を発表した。ファイサル皇太子も一九六二年に一〇項目改革案のなかで「統治基本法」制定を打ち出していた。それはイエメン内戦でエジプトのナセル主義の脅威に直面していた時期であった。まさに、新しい法制定の姿勢を発表するときには政治的危機が背後にあることが理解される。それは、サウディアラビアの国政が正常であり、国民に開かれた政府であることを内外に知らしめるための策である。一九八〇年三月にはナーイフ内相を委員長とした基本法・起草委員会が設立されているが、法制定は今回も見送られることになる。それが実現するのは一二年後のことである。怠慢というよりも、それほどに、イスラーム法を基盤とした「統治基本法」制定は困難であったということであろう。

一方で、イスラーム倫理の強化は宗教界に委ねられることになった。政府は宗教界改編を完了させたことから、安心して宗教界にまかせたのであろう。しかし、それはビン・バーズ師に宗教的側面において絶大な権力を与えることになった。ビン・バーズ師は宗教的最高権威者として君臨するあいだに、学問的師弟関係を基盤として、同師を頂点とした宗教界の信頼関係をつくりあげた。その結果、ビン・バーズ師には宗教的権力が集中するようになり、ビン・バーズ師の署名一つでモスク建設、イマーム認定、宣教師・善導師の育成、派遣、さらに募金活動などが可能となった。つまり、宗教的人材と資金が同師の手中にあったことを意味する。

一九八二年六月十三日、ハーリド国王が心臓発作のため死去した。ファハド皇太子が国王に就任し、皇太子兼第一副首相にはアブドッラー(国家警備隊司令官兼務)、そして第二副首相にはスルターン(国防航空相兼務)が就任した。ファハド国王は一九八六年に、それまで使われていた国王の称号「陛下」(大権の主)にかわって「二聖都の守護者」に変更した。それも、イスラーム化行為の一環をなすものであった。マッカとマディーナの守護者として自分を位置づけることは、政権のイスラーム性を強調するものである。それは同時に体制派宗教勢力の地盤の強化にもつながり、民衆への宗教界の影響力が拡大した。「二聖都の守護者」の称号の効果を考えたならば、二聖都を守護することによって、二聖都を含めてサウディアラビアの統治の正当性をイスラーム世界に認めさせることになる。たとえ、ワッハーブ主義に対して嫌悪感をいだく者も、二聖都を守護する行為に対しては崇敬と感謝の念をいだくからである。イスラーム諸国の盟主としての威信と責任がその称号には集約されているのである。ただし、「二聖都の守護者」の使い方の意味合いが以前と違っている。オスマン朝まではイスラーム世界の支配者の威信と名誉にかけて二聖都を守護したのであるが、現在は二聖都を守護することによって、救われているとみることができる。

アフガニスタン戦争への対応

一九七九年十二月二十四日にソ連軍が軍事クーデタによって樹立した社会主義政権を支援するためにアフガニスタンへ侵攻した。このソ連軍侵攻がサウディ社会のイスラーム強化にさらに拍車をかけることになった。イスラーム諸国はこぞってソ連を非難し、各国のイスラーム機関はアフガニスタン国民への支援を始めた。サウディアラビアからもイスラーム世界連盟の下部機関である世界イスラーム救援機関などが、パキスタンのペシャワールに事務所や病院を開設し、アフガニスタン難民への人道援助をおこなっていた。サウディアラビアの宗教界はアフガニスタン闘争をジハードと裁定し、若者にジハードをあおっていた[51]。

無神論の共産主義の国がイスラームの国を侵略しているということで、イスラーム世界の世論は一丸となり、侵略者に対するジハードの旗印のもとに、アラブ諸国、さらにイス

51 当時，筆者はマッカのウンム・ル・クラー大学で学んでいたが，アフガニスタンからの留学生がジハードのために帰国するとの挨拶を教室でおこなって，教授も学生も彼の勝利を祈って送り出した場面に遭遇したことがある。

ラーム諸国からイスラーム教徒義勇兵がアフガニスタンに集結した。サウディアラビアからも多くの若者が参加した。その一人がウサーマ・ビン・ラーディン(一九五七〜二〇一一)である。

ソ連軍は一〇年間、駐留を続けたが、その間、アフガニスタンの反政府ゲリラ・ムジャーヒディーン(聖戦を遂行する者)とイスラーム教徒義勇兵による武装抵抗に遭い、ついに一九八九年二月、ソ連軍はアフガニスタンから撤退した。イスラーム戦士の勝利であった。ウサーマもサウディアラビアに帰還した。英雄としてむかえられるはずであった。しかし、サウディ政府も民衆も非常に冷たいかたちでアフガニスタン帰りをむかえた。戦いが終わったならば戦闘員は邪魔者ということである。行き場を失った彼らが、のちに反体制として刃向かうことになる。ジハード論で若者をあおった付けがサウディアラビアにまわってくることになる。サウード家の統治の正当性を高めるためとはいえ、イスラーム強化策を実行することはより厳格なイスラーム主義者を生み出すことになり、王国に対しても厳格なイスラーム統治を要求する危険性をはらんでいることを王国は承知していなければならなかった。それはイフワーンの反乱で経験ずみであったが、その経験が生かされていなかった。

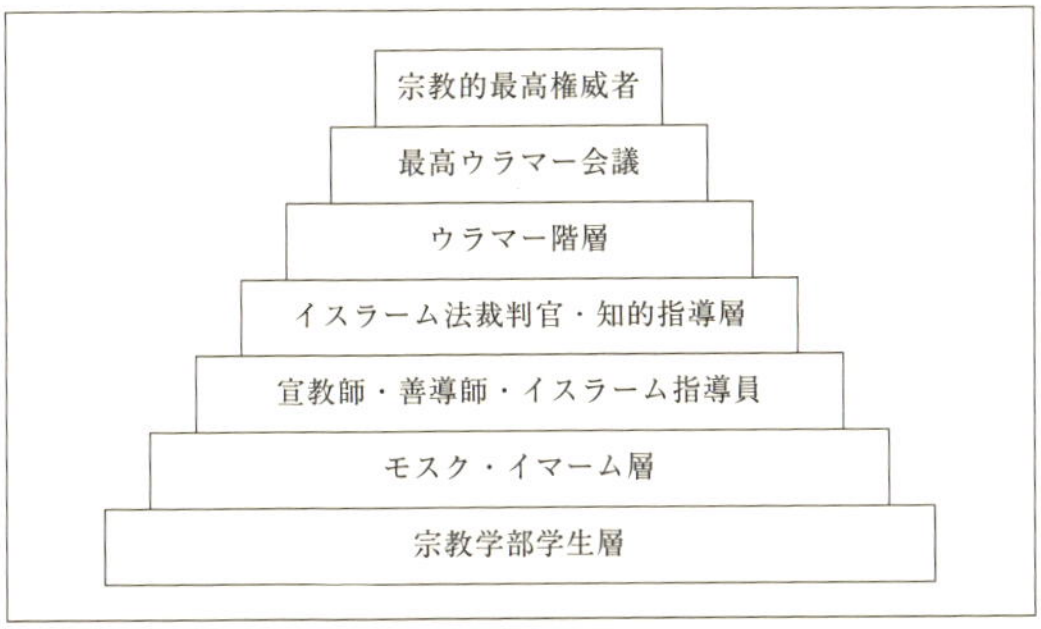

▲体制派宗教勢力構造　1970年以降，できあがったサウディアラビア国内の体制派宗教勢力の組織的構造。

▲1988年当時，31歳のウサーマ・ビン・ラーディン　アフガニスタンのイスラーム義勇兵の基地(洞窟)にて。

第4章　湾岸戦争の衝撃と請願書運動

湾岸危機、湾岸戦争

一九八〇年にはイランとイラクが国境をめぐって戦争を始め、サウディアラビアをはじめとする湾岸諸国はイラク体制の崩壊はイラン革命の影響力の拡大を招くとの懸念から、イラクを支援した。サウディアラビアにとっては隣国のイラクが軍事的に巨大化することにも不安を感じていたが、それが一九九〇年に現実のものとなった。

イラン・イラク戦争は、即時停戦などを求めた安保理決議を両国が受け入れ、一九八八年八月二十日に終結したが、イラクは膨大な戦時債務をかかえ、その後の経済復興に苦しんでいた。イラクのサッダーム・フセイン大統領（在位一九七九〜二〇〇三、〇六年没）はイランと戦ったのは湾岸アラブ諸国のためであると自負しており、湾岸諸国がイラクを援助するのは当然だと考えていた。しかし、そのような状況のなか、クウェートとアラブ首長国連邦は石油輸出国機構（ＯＰＥＣ）の割り当て量をこえた石油の増産をおこない、イラク経済に打撃を与えた。フセイン大統領は湾岸諸国の対応を非難して、一九九〇年八月二日、イラク軍をクウェートに侵攻させ、八月八日にクウェート併合を宣言した。いわゆる湾岸危機である。国連安全保障理事会はイラク軍がクウェートへ侵攻した日に、即時無条件撤退要求を決議し、六日にはイラクへの全面禁輸の経済制裁も決議した。

サウディアラビアはイラク軍の南下を警戒し、国土防衛とクウェートの解放のためにアメリカを中心として編制された多国籍軍の駐留を認め、ファハド国王は八月九日に一連の状況を国民に発表した。ついで、最高ウラマー会議が多国籍軍駐留を認める声明「サウディ政府は、緊急非常事態にあり、余儀なく、国家と国民を護るためにイスラーム教徒および非イスラーム教徒の多国籍軍力を借りることは、イスラーム法的に許されることである」を発表した[52]。

イラクは国連による再三の警告を無視してクウェートから撤退しようとしなかった。ついに、多国籍軍は翌一九九一年一月十七日イラクを爆撃した。湾岸戦争の始まりである。二月二十四日には多国籍軍は地上戦を開始し、二十七日にはクウェート市を解放した。三月三日には停戦協定が結ばれ、イラクは完敗した。

湾岸危機はサウディアラビアにとって建国以来最大の衝撃となった。湾岸危機に独力で対処できずにアメリカに頼ってしまったことは、「二聖都の守護者」としてのサウード王

52 フセイン大統領にかんする，ビン・バーズ師のイスラーム法的布告は以下のとおりである。
「イラクのサッダームとの戦いはサッダームがクウェートから撤退するまで，被抑圧者の解放と真理の防衛のために神の道におけるジハード(聖戦)と規定され，当事者には義務となる」
「サッダームはイスラームを主張しているが，彼は疑いもなく無神論者である。無神論者の常であるが，必要に迫られると，イスラームでも何でも語るものであり，偽信者そのものである」

家の威信を大きく傷つけてしまった。多国籍軍の駐留はそのイスラーム法的正当性を最高ウラマー会議の声明によって確立されていたが、サウディ社会に大きな波紋を起こすことになった。

社会問題の一つとして、アメリカ軍の女性兵士が街中を肌も露にして軍用車両を運転する姿も取り上げられた。それに触発されたことは事実であろうが、一九九〇年十一月六日、四七人のサウディ人女性が一五台の車に分乗し、リヤード市内をデモ走行した。よく知られていることであるが、サウディアラビアでは女性の運転は禁じられている。これに抗議の意をあらわすために自らハンドルを握ったのである。警察の対応はそれほど厳しいものではなかった。政府も社会も湾岸危機で緊張状態であり、女性たちの主張が真剣に取り上げられることはなかった。内務省はビン・バーズ師のファトワー「女性の自動車運転は許されない。なぜなら、女性の運転は多くの堕落と不健全な結果を招くことになる」にもとづき、明確に女性の運転を禁止した。二〇〇〇年代になってから、さらにこの問題は活発化してくることになる。

▲1991年1月6日，多国籍軍を観閲するファハド国王とノーマン・シュワルツコフ米中央軍司令官

◀ビン・バーズ師のホームページにでている女性の自動車運転禁止規定

請願書運動

女性が自動車運転で権利を主張するのと時を同じくして、国家危機意識の高揚を背景に保守派・民主派双方の勢力から政治改革要求を示した請願書が三つ立て続けに政府に提出された。従来、為政者の方針が一方的に伝えられ国民側からの声が取り上げられることがない上意下達のサウディ社会のなかで、国民が政治的意見を露にするなど異例なことであった。

第一の請願書は一九九〇年十一月、ジェッダを活動拠点とするリベラリスト知識人四三人によってファハド国王宛てに提出されたものである。署名者のなかには、高名な大学教授・元閣僚・医師・弁護士・財閥関係者らが含まれる。彼らの要求は一〇項目にわたっていた。その主張は現行の枠内での改革要求であり、サウード王家の支持者であることを強調している。彼らはリベラル派ではあるが、シャリーアの完全な施行を求めている。その真意は、現実はシャリーアの崇高な目的が実現されていないので、各分野でのすべてが不正・不備だらけだといいたいのであろう。ゆえに、シャリーアを現代的に解釈する必要性を訴えながら、全般的にリベラルな要求となっている。とくに、実権のある諮問評議会の早期設置を求め、さらにシャリーアの実践を自負している「勧善懲悪委員会」の行きすぎた行動(人権侵害)を抑制すべきとの訴えが請願書の主要なねらいともいわれていた。彼らの請願書はあまり政権に影響を与えるものではなかった。

一方、保守宗教界から、欧米非イスラーム教徒を中心とする多国籍軍のサウディ駐留に反対する声があがっていたなかで、第二と呼ばれる請願書が出された。第二の請願書[53]は一九九一年五月、宗教関係者・裁判官・大学教授ら四七二人以上の知識人が署名して、ファハド国王宛てに提出された。要求は全部で一二項目で、内容は多岐にわたっているが、その特徴は政治・経済・社会・外交などすべてにシャリーアをよりいっそう、厳格に実行することを求めている。サウード王家にとっては第一の請願書よりも第二の請願書のほうが衝撃的であった。まず、その署名者四七二人の数に驚いた。それは一つの政治勢力となりうる人数である。そして、本来ならばサウード王家と国家体制を支援し防御する役割をはたすべき人物たちが署名者となっていたからである。多分に、王家の意向を汲んでのことであろうが、翌六月に、最高ウラマー会議はこの署名者たちに対して声明を出して苦言を呈した。「請願書を公表したり、配布する方法は受け入れられるものではない。その方法は社会の利益をもたらさず、信頼ある協力を実現することない。ムスリムの指導者に対する提言は密かに行うものである」との内容であったが、これはあくまでもワッハーブ主義の同門に対する教育的苦言ということであろう。

[53] 第2請願書の要旨
第1項：諮問評議会の設置。
第2項：全ての規則はシャリーア（イスラーム法）から導き出すこと。
第3項：政府官僚は公正な人物であること。
第4項：社会に正義と平等を確立させること。
第5項：国家組織から腐敗を一掃すること。
第6項：公共財産の公正な分配，国民の負担となる公共料金の見直し，銀行利子の撤廃。
第7項：軍の再編成。
第8項：イスラーム道徳に基づく，報道機関の改革。
第9項：シャリーアに基づく，同盟関係の構築。
第10項：宗教機関，宣教機関への支援強化。
第11項：司法機関の独立。
第12項：個人および社会の諸権利を保障すること。

請願書の内容についてはいっさいふれていない。内容については最高ウラマー会議にしても否定すべきものではないということであろう。最高ウラマー会議の声明が出されたあとに、署名者たちからビン・バーズ師に「ファハド国王に提出された要求にかんする注釈」が提出されている。そのなかで、請願書の公表は、彼らの意図するところではなかったことが釈明され、一二項目について注釈が記されていた。その最後に、第一二項の注釈で署名者たちはシャリーアが定めたところの為政者に対する進言を与えただけで、治安当局から旅行を禁じられ、尋問や取り調べを受け、さらには説教・講義・執筆などが禁じられたことを訴えた。

第二請願書が提出されてから、治安当局の監視体制が厳しくなるなかで、第三の請願書が一九九二年八月、保守派宗教勢力一一二人からファハド国王宛てに提出された。この請願書は一〇項目からなり、内容はイスラーム法を基盤とした現状批判と提言が項目ごとに述べられている。

同請願書は第二の請願書と酷似していたが、大部なものとなっている。保守派宗教勢力の主張があますところなく記されており、彼らの信条といえるものである。とくに、注目される内容は最初の項目「ウラマーと宣教者の役割」のなかで、ウラマーの役割が政府の制度・報道・文化・経済・教育におけるすべての分野において弱体化しており、その対策として、最高ウラマー会議のメンバーにより知徳の高いウラマーを選抜することで強化する必要があると提言していることである。まさに、現行の組織を否定したのである。これに対して、最高ウラマー会議は一九九二年九月十七日にターイフにて会議を開催して、請願書に指摘された内容は誇張があり、真実ではないとした声明を発表して強く非難した。

サウディ政府は嘆願書運動に対して、厳しい態度で臨んだ。多くの者が公職追放、自宅軟禁の措置を受けることになった。

政府の民主化対応

民主派・保守派双方からの政治改革・国政参加要求が高まってきたことに対処するために、ファハド国王は一九九〇年十一月、国家基本法・諮問評議会法・地方行政法制定による統治機構改革構想を打ち出し、一九九二年三月に三法を公布した。ファハド国王が皇太子時代、一九八〇年一月に「統治基本法」の制定を約束してから一二年目の実現である。これまでの約束がついに実現したということは、それほど湾岸戦争の危機が深かったことを意味しているのであろう。

改革三法は、現行の統治システム、王族と国民との対話(マジュリス)、地方行政の枠組みを追認する内容であるが、これをあらためて法令のかたちで文書化・明示した点に大きな意義が認められる。

「統治基本法」は九章八三条からなっているが、そのなかでとくにイスラーム法・国王の権限・民主化の方向性についてみてみたい。

憲法については、「憲法はクルアーンおよびスンナとする」と第一条に明記し、イスラーム法を施行するイスラーム国家であることが、第七・八・二三・五五条の各条項に表現されている。とくに、第二三条には「王国はイスラームの教義を保護し、イスラーム法を適用し、善行を進め、悪を罰し、イスラームの求める義務を履行するものとする」とワッハーブ主義の共同体存立理念が示されている。また、それは「勧善懲悪委員会」の設置の根拠ともなっている。

サウード家の王国であることは、第五条に「(1)王国の政体は君主制とする、(2)王国の統治は、建国の父アブドルアジーズの子息および孫(男子)に委ねられるものとする。その中の最も相応しいものがクルアーンとスンナの導きにより王位に就くものとする。」と明記されている。すでに、王位はアブドルアジーズの子息たちによって継承されているので、今までの不文律を明文化したことになる。国王の権限は絶大であり、国王は皇太子の任免(第五条三項)、自ら首相であり(第五六条)、副首相・大臣・次官の任免(第五七条)、また軍の最高司令官であって、将校の任免(第六〇条)ができる。第四四条には「王国の国家権能は次の三権により成り立つものとする。すなわち、司法権、行政権、立法権である。これら三権の責務は、相互協力の上、遂行され、その拠り所は国王である。」とあり、国王が最終的権威となっている。

ここで留意しなければならないことは、イスラーム法における立法の意味である。イスラーム法における立法権（タシュリーウ）は神にあると考えられている。それは法源を神の言葉であるクルアーンと神の使徒であるムハンマドのスンナとしているからである。主権在神といわれている。ゆえに、ここで、いわれている「統治基本法」でいう立法権（タンズィーム）とは、あくまでもイスラーム法の下位にあたる行政規則の制定権のことである。この「統治基本法」も規則としてあつかわれている。

国王と国民の関係については、第六条に「国民は、クルアーンとスンナの教えにのっとり、いかなるときも君主に忠誠をつくすものとする」とワッハーブ主義の教えがあらわれている。忠誠を強制するかわりに、第四三条に「国王ならびに皇太子のマジュリス（会合）はすべての国民ならびに不平不満のある人びとに開放されており、各人は陳情の権利を有するものとする」と王族に対する国民の権利が述べられている。

ウラマーの役割について、第四五条にウラマーはファトワーを出し、第四六条にイスラーム法裁判の裁判官になることが示されている。

「統治基本法」はサウディアラビア王国がイスラーム法を施行している国家であることを強調し、統治者である国王が絶大なる権限を有しているのも、イスラーム法を遵守していることによるもので、その正当性があることを主張している。しかし、その正当性を証明するウラマーの役割があまりにも縮小していることから、その証明能力に疑問符を突きつけたのが若手のウラマーである。

つぎに、新しく導入された「諮問評議会法」をみてみよう。諮問とはアラビア語でシューラーと呼ばれている。まず、イスラームにおけるシューラーの概念についてみてみる。シューラーの言葉は「たがいのあいだで協議(シューラー)を旨とし」(シューラー、四二章三八節)、「諸事について彼らと協議せよ」(イムラーン家、三章一五九節)に由来している。イスラーム法では、古典期の法学でも統治者がウラマーらに諮問することが推奨されたが、現代においては、協議を義務とする見解が強まっている。しかし、協議の結果に従うかどうかは見解が分かれている。

サウディアラビアの「諮問評議会法」には第三条に「諮問評議会は、国王が学識経験者、専門家の中から選ぶ六十人の議員と(一人の)議長から構成される。」と示されている。評議会の役割として第一五条に「首相から付託される国家の一般政策について意見を明らかにする。」とある。諮問評議会は、勅選議員によって構成され最終的立法権は有しないことから、その意見には拘束力がないことになる。だが、これによりただちに欧米型議会民主主義の導入を意味しないものの、イスラームの精神にのっとり古くから受け継がれているマジュリス（会合）の理念に、組織化・近代化した枠組みを与え、国民の国政参加の道を開くものとして位置づけられる。一九九二年三月に設置法が公布され、同年九月に議長任命がおこなわれた諮問評議会は、九三年八月に六〇人の議員が勅選発令され、同年十二月二十九日開設式典をへて、実質審議活動を開始した。

なお、「地方行政法」により各州レベルに設けられる州評議会についても、一九九三年九月に議員が任命され、九四年一月から二月にかけて開設式がおこなわれ、実質活動を開始した。

宗教勢力への対応

サウディ政府は湾岸戦争後、宗教勢力の活動が活発化していくのを危険視しはじめて、宗教界の改編を計画し、ビン・バーズ師を頂点とする宗教界の力を分散させてしまった。同師は湾岸戦争以降、国内のイスラーム的強化をアピールしていたので、政府指導部にとってあつかいにくい存在になっていた。

ファイサル国王の宗教界改編後二〇年をへて、再度ファハド国王のもとで、宗教関

▶アブドルアジーズ・アール・シェイフ師（ビン・バーズ師のあとの最高法官，インターネット上のリヤード紙の画面より）

▲アブドッラー・トルキー師（右）**と著者の面談**

係機関の改編がおこなわれた。一九九三年七月十日の国王勅令によって「最高法官」の復活と「イスラーム問題・ワクフ（寄進）・宣教・善導省」（略してイスラーム問題省）が新設され、最高法官にビン・バーズ師、宗教相に前イマーム大学学長のアブドッラー・トルキー師[54]が任命された。

最高ウラマー会議議長のビン・バーズ師は最高法官に格上げされ（実質は棚上げとみられた）、同師が長官をあわせ務める「イスラーム学研究、イスラーム法布告・宣教・善導総局」の宣教局・善導局が宗教省に移管された。これにより、ビン・バーズ師の活動はイスラーム法布告をおこなうだけとなり、さきにあげた宗教的人材と資金を手放すことになり、ワッハーブ主義宗教活動の手足をもぎとられたかたちとなった。

政府の思惑どおりに、ビン・バーズ師の影響力が半減した。宗教界は政府の意向どおりの官僚組織となった。ビン・バーズ師は一九九八年に死去し、二〇年間続いたビン・バーズ師宗教体制が終焉した。サウディアラビアの宗教界はまったく政府に苦言を呈する力をなくしてしまったかのようにみえた。これによって、サウード王家は宗教界を掌握したと考えた。ビン・バーズ師の死後、最高法官にアブドルアジーズ・アール・シェイフ師というシェイフ家の者を登用して、宗教的権威の裏付けとなるシェイフ家本流を利用することによってサウード王家の権威を高めようと考えた。しかし、シェイフ家の登用だけでは、

[54] 2000年から世界イスラーム連盟（ラービタ）の事務局長。

若手ウラマーの過激主義への流れをとめるのは難しくなっていた。

サウディ政府はスンナ派の宗教界改編をおこなう一方で、東部州のシーア派に対する懐柔策をおこなった。一九九三年十月初め、シーア派反体制グループとサウディ政府の和解が成立し、海外在住のシーア派反体制グループは、欧米のメディアをつうじてのサウディ非難活動を中止し、一方サウディ政府は海外在住のシーア派反政府グループ活動家の安全な帰国、国内でのシーア派独自の宗教活動の自由を認めた。これを機に一九九四年、シーア派活動家、ハサン・サッファール師（一九五六〜　）が一〇年間の逃亡生活ののちに帰国して、東部州のシーア派住民の指導的立場を築いている。

サウディ政府のシーア派との和解の直接の原因は、海外在住のシーア派反体制グループによる反サウディ政府広報活動を抑えるためと考えられる。従来、サウディ体制内改革派とシーア派はイデオロギー的に鋭く対立していたが、一九九一年から立て続けに出された、ファハド国王への「建白書」やイスラーム法的権利擁護委員会設立の件について、シーア派反体制グループも反サウディ政府広報の一環として積極的にこれを報じていた。この時期に和解が成立したのは、やはりサウディ政府による体制内改革派対策に集中するためであろうと考えられる。さらに、湾岸戦争

▶シーア派の指導者ハサン・サッファール師

以後の民主化要求に対する国家基本法などの統治三法発布、諮問評議会の設立などとともに、西欧からの人権擁護的批判に対する宗教的寛容性をアピールするためのサウディ政府の一連の対応措置の一つとも受け取られる。

請願書運動からの分裂

政府の厳しい措置に対抗して、請願書署名者らは二とおりの方向に分かれて活動した。一つは開明派らが中心となり組織化して政府に苦言を呈する方向であり、二つ目は宗教学者たちにより演説や説教をつうじて体制内の改革を求める方向であった。このように動きが分かれたのは請願書の署名者のなかに宗教関係者ばかりではなく、一部の開明派的な人物が参加していたからである。

前者の動きとして、一九九三年五月上旬、嘆願書署名者のなかから数名の者がイスラーム法的権利擁護委員会(CDLR = Committee for the Defense of Legitimate Rights)を設立した。同委員会はイスラーム法の認める国民の人権擁護を目的とし、国民にイスラーム的権利の抑制がおこなわれている事実を明らかにして、サウディ国民の政治意識を高めることを目的とした。とくに国内的には王族の腐敗を訴え、国外的には人権擁護をアピールして、国内外ともに支持を得ようとした。声明文は六人の著名な学者だけの署名入りで発表された。

政府は即座に、同委員会を非合法化し、同様に最高ウラマー会議もCDLRの設立を違法である旨の非難声明を出した。

政府は同委員会のメンバーに弁護士免許剝奪、事務所閉鎖、公職追放などの処分をくだし、同委員会は活動を中止した。

しかし、一九九四年四月、同委員会のスポークスマンであったムハンマド・マスアリーはサウディアラビアを密出国して、さきに亡命したメンバーの一人サアド・ファキーフとともにロンドンで同委員会の活動を再開した。同委員会はロンドンでの活動再開以後は最終目的としてのイスラーム民主主義政体樹立を明らかにするようになった。同委員会の活動はファクスによるニューズレターの送付であり、政府による反体制派人物の逮捕や、王族の醜聞情報を流布し、政府の圧政ぶりを非難しつづけた。[55] 上記の二人は主張の違いで袂を分かち、サアド・ファキーフは「アラビア半島イスラーム改革運動」(MIRA = Movement for Islamic Reform in Arabia)という組織をつくり、同様の活動をした。

二つ目の方向として、宗教学者たちの国内での活動は、サウディ体制内改革派[56]と呼ぶことができる。説教師サルマーン・アウダ師やサファル・ハワーリー師に代表される同派は組織的存在ではないが、ワッハーブ主義の正統な継承者であると自負する若手ウラマーの連携であった。彼らは政府への助言や進言は自分たちの責務であるとの強い責任感を感じ

[55] ビン・バーズ師を代表とするウラマーのCDLRへの批判は厳しく，ファックス文書は読まないように民衆に警告し，マスアリーたちはイスラーム社会の分裂と騒乱をあおり，統治者への反抗を望んでいるイスラームからの逸脱者にすぎないと断罪した。

[56] 彼らはアラビア語で「サフワ(覚醒)のウラマー」と呼ばれている。つまり，宗教的保守派のなかでも覚醒した人たちを指す。

ていた。彼らは基本的にサウード王政の現体制の正当性を認めている。体制内改革派の目標は、サウディ国家がワッハーブ派イスラーム教義を社会のなかに徹底化させ、勧善懲悪をおこない、政策から国民生活にいたるまですべてにおいてイスラーム法を施行することである。これは勧善懲悪を基本政策理念とするワッハーブ主義の目標であり、この点において最高ウラマー会議の諸師もハワーリー師らも同一のイデオロギー集団のなかにある。

ハワーリー師は湾岸戦争当時、リヤードで講演をおこない、イラク侵攻の危険性と同時にアメリカ侵略（米軍駐留）の危険性を強調し、ニクソンからブッシュまでの中東における石油の搾取と支配を明らかにし、「イラク侵攻は一時的な敵であるが、米国とヨーロッパは終末までの敵である」といって、多国籍軍駐留の危険性を主張した。この時点で最高ウラマー会議の発出した多国籍軍容認のイスラーム法布告と対立することになった。最高ウラマー会議とハワーリー師とはイラク侵攻に対する危機感の違いがあり、最高ウラマー会議は非常事態緊急法を用いることにより多国籍軍容認に踏みきった。

時を同じくして、アウダ師はリヤードで「国家の崩壊」という講演をおこない、イスラーム共同体は湾岸戦争で神に頼る前にブッシュに頼り、湾岸戦

▶**出所後，宣教活動をするサルマーン・アウダ師**（ミドル・イースト・オンラインの画面より）

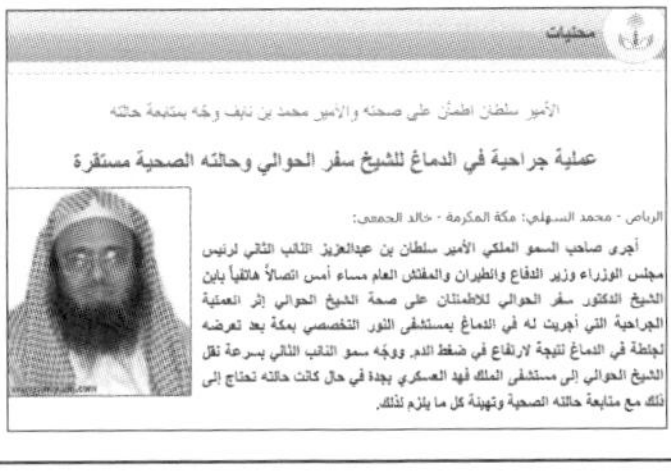

محليات

الأمير سلطان اطمأن على صحته والأمير محمد بن نايف وجّه بمتابعة حالته

عملية جراحية في الدماغ للشيخ سفر الحوالي وحالته الصحية مستقرة

الرياض - محمد السهلي: مكة المكرمة - خالد الجمعي:

أجرى صاحب السمو الملكي الأمير سلطان بن عبدالعزيز النائب الثاني لرئيس مجلس الوزراء وزير الدفاع والطيران والمفتش العام مساء أمس اتصالاً هاتفياً بابن الشيخ الدكتور سفر الحوالي للاطمئنان على صحة الشيخ الحوالي إثر العملية الجراحية التي أجريت له في الدماغ بمستشفى النور التخصصي بمكة بعد تعرضه لجلطة في الدماغ نتيجة لارتفاع في ضغط الدم. ووجّه سمو النائب الثاني بسرعة نقل الشيخ الحوالي إلى مستشفى الملك فهد العسكري بجدة في حال كانت حالته تحتاج إلى ذلك مع متابعة حالته الصحية وتهيئة كل ما يلزم لذلك.

◀**サファル・ハワーリーの入院記事**　ハワーリーが脳梗塞で手術したおり，スルターン皇太子ほか王族がみまいの電話をかけたとの報道が流れた。ハワーリー出所後の王族の良好関係をうかがわせる記事。2006年6月11日付（インターネット上のリヤード紙の画面より）。

争後にはアメリカの搾取だけが残り、イスラーム共同体は財産、宗教まで
も失ってしまった、と主張した。

両師は政府からの圧力があるにもかかわらず、講演を続け、イスラーム主義を解説するとともに、アメリカ侵略は新たなる十字軍であり、アメリカはイスラームの盟主サウディアラビアを傀儡にして、イスラームをたんなる言葉だけの無力な宗教としている、と民衆に呼びかけた。

ハワーリー師とアウダ師は、両師に対する内務省の公職追放[57]（一九九三年十月）を不服として、彼らの主張を説明するかたちで、最高法官ビン・バーズ師に請願書を提出した。両師は公職追放されながらも、両師の宣教活動は衰えず、政府からの再三の忠告にも屈せず、門下生を自宅に集めて講演を続けていたが、一九九四年九月に逮捕されるにいたった。[58] とくにアウダ師の活動拠点であるカシーム州の都市ブライダは伝統的にワッハーブ意識の強い地域であったこともあり、アウダ師の支持者の若者たち数百人がアウダ師逮捕に抗議して、ブライダの市庁舎を中心にデモ行進した。政府の警告も無視して、デモは数日間続き、ついに政府は若者たちをも逮捕した。逮捕者の数は千人をこえたとの情報も流れていたが、後日の政府発

بسم الله الرحمن الرحيم
لجنة الدفاع عن الحقوق الشرعية

▶1993年5月3日のCDLRの設立声明文　6人の署名がはいっている。

MUSLIM CHRONICLE
VOICE OF ISLAM IN BRITAIN
THE MEN THE AL SAUD WANT DEAD OR ALIVE!

◀1995年4月20日発行のロンドンのイスラーム関連新聞「MUSLIM CHRONICLE」　マスアリーとファキーフを一面で紹介している。

表は一一〇人であった。

以後、両師の反米思想（新十字軍の侵略）は過激派の対米攻撃の正当化の裏付けとして受け入れられていった。両師が逮捕され、支持者の若者の声も抑えられ、つぎに若者がとる手段はかぎられてくることになる。

過激派の台頭

サウディ国内では、もう一つの過激な動きがあった。それはウサーマ・ビン・ラーディン[59]を代表とするアフガニスタンで戦った義勇兵である。つまり、アフガン・アラブである。ウサーマは帰国後、家業を手伝うとともに、農園にアフガン義勇兵などを集め、戦闘訓練をおこなっていた。そのことで、政府側から再三警告を受けていた。ウサーマは湾岸戦争において、サウディ政府が米軍駐留を認めたことに反発した。ウサーマの主張は、米軍の駐留はキリスト教徒軍のイスラーム地への侵入および軍事的支配にほかならず、それは現代の十字軍であるとの考え方である。これはサウディ体制内改革派の若手ウラマーの主張していた論理でもあり、そのことがウサーマの主張の正当性の裏付けともなった。ウサーマは、一時はアフガニスタンのジハードを支持したサウディアラビアの宗教界を認めていたが、今回のサウディアラビアへのキリスト教軍駐留を許した宗教界には幻滅していた。

57 ハワーリー師（1955年生まれ）はジェッダにあるモスクの宣教師であった。アウダ師（1956年生まれ）はブライダのイマーム大学分校の教授であった。
58 アウダ師ならびにハワーリー師は1998年のビン・バーズ師の死去にともない，恩赦により釈放されたが，以前のような激しい演説や説教をおこなうことはなくなった。
59 ウサーマは1957年にイエメン出身のゼネコン財閥ビン・ラーディン家に生まれた。成長とともにイスラーム主義者との関係が深くなり，1979年1月11日のソ連侵攻後の抵抗運動に参加し，資金調達・兵士調達・物資調達・兵士訓練などの面で大きな役割をはたした。ウサーマは活動拠点をスーダンから1996年にはアフガニスタンに移し，最終的に，2011年5月2日，パキスタンのアボッターバードにてアメリカ軍に射殺された。

さらに、若手ウラマーへの弾圧を続けるサウディ政府はイスラーム法遵守国家にあらずとの裁断をくだし、湾岸戦争を契機として、ウサーマは反米活動および反サウディ体制活動を展開することとなる。ウサーマはサウディ政府からの再三の忠告を無視して、アフガン義勇兵の戦闘訓練を続行していたが、身の危険を感じて、活動拠点をサウディアラビアからスーダンへと移した。ウサーマがスーダンに身を寄せているあいだに、サウディ国内ではテロ事件が続いて起こった。

一九九五年十一月十三日、リヤードで七人の死者を出した爆破事件が起こった。事件は国家警備隊のアメリカ人関係者をねらったものである。サウディ当局は事件の犯人として四人のサウディ人男性を逮捕し、五月に斬首刑に処している。四人は処刑される前に、テレビで自白の内容を述べたが、それによると四人のうち三人はアフガニスタン帰りの義勇兵であり、イエメンから爆薬を運び込み、犯行を引きおこしたという。また、動機についてはウサーマやCDLRのマスアリーの考えに共鳴したと述べた。

さらに、一九九六年六月二十五日、東部州のダハラーン市に隣接するホバルのアメリカ軍関係者らの宿泊施設のフェンス外側にとめてあったタンクローリーが突然爆発した。これにより一九人が死亡し、三八九人が負傷した。死者は全員アメリカ人である。

この当時、過激派の標的は明らかにアメリカ軍そのものであった。イスラーム教徒へ被害がおよばないような配慮がなされていた。そこには、とくにサウディ国民の支持を得ることをめざしていたことがうかがえる。過激派は、自分たちの行動によって反米運動がもりあがり、アメリカ軍を撤退させることをめざしたものと考えられる。この時期の過激派は、まだサウディ国民に期待をもっていたと思われる。

ホバル爆破事件にかんしてはサウディ人シーア派教徒サエグ容疑者が捕まったが、真偽のほどは明らかではない。ウサーマはこの二つの爆破事件への関与を完全に否定したが、アメリカへの警告として犯人の破壊行動を称賛した。さらに、アメリカ軍がサウディアラビアからでて行かないかぎりは同様な活動が続くであろうことを示唆していた。

これらの事件でウサーマが破壊行動を称賛したのは「現代の十字軍理論」からである。以後、ウサーマはこの理論を発展させ、アラブ・イスラーム世界に対するアメリカ政策およびパレスチナ問題やイラク問題、そして湾岸問題などをみていくなかで、イスラーム世界はアメリカから軍事面ばかりか政策的にも経済的にも侵略を受けているという被害意識が増幅することになる。そして、ウサーマは防衛ジハード論の拡大解釈へと行きつくことになるが、それは史上最悪のテロ事件を生むことになる。

政府はこの時期に、「統治基本法」などを発布して、国民の抗議行動を鎮静化しようとしたが、結局、力で鎮圧することになり、活動を分散化させ、先鋭化させることになった。

第5章　テロ対策と国内改革

9・11事件の影響

二〇〇一年九月十一日、世界を震撼させた米同時多発テロ事件(以下9・11事件)が発生し、三〇〇〇人近くの犠牲者がでた。アメリカは即座にウサーマ・ビン・ラーディンを首謀者と断定し、アフガニスタンのターリバーン[60]に引きわたしを要請した。ターリバーンがウサーマの引きわたしを拒否したのを受けて、アメリカはイギリスとともに十月七日、テロ撲滅を目的としてアフガニスタンのなかでウサーマが潜伏しているとみられている地域に攻撃を開始した。アフガニスタン攻撃にさいし、サウディ政府はアメリカに空軍基地使用を許可しなかったが、上空通過だけはいやおうなく許した。

キリスト教国であるアメリカによってイスラーム国であるアフガニスタンが攻撃されることに、サウディ国内から非難の声があがり、さらに、その非難はアメリカの攻撃に賛同する態度を示したサウディ政府にも向けられた。

60 ターリバーンは「ターリブ」の複数形で「イスラーム神学生」を意味する。長期化したアフガニスタン内戦のなかで救国を旗印にして台頭した，イスラーム神学生中心の武装宗教政治勢力を指す。1996年に首都を制圧してアフガニスタンの北東部を除く領域を支配下におさめた。アメリカの攻撃で2001年末，ターリバーン政権は崩壊した。

サウディ政府もまた米同時多発テロ事件に大きな衝撃を受けた。それはテロ実行犯が国際テロ組織アルカーイダのメンバー一九人のうち一五人がサウディ出身者であったからである。さらに、首謀者のウサーマにしても、国籍は剝奪されているとはいえ、サウディ人である。このことによって、アメリカの議会やメディアからサウディ政府は徹底的な非難を受けることになる。これだけの過激派分子を出した政治体制が悪い、教育が悪い、宗教勢力の存在が悪い、ひいてはイスラームが悪いとまでいう勢いであった。しかし、アメリカ政府はサウディ政府との関係を重視して慎重な対応をしていた。

サウディ政府はアメリカの怒りになすすべもなく、ただテロ批判声明を出し、被害者への哀悼の意を示すだけであった。そして、アメリカの対テロ戦争を支持する内容に終始した。サウディ政府としては、軍事協力だけは避けたい状況であった。湾岸戦争(一九九一年)当時、サウディ国内にアメリカ軍が駐留したことにより、イスラーム主義者の反発が過激化した経緯があり、サウディ政府に慎重な態度をとらざるを得なかった。

政府に続いて、宗教界からも、アブドルアジーズ・アール・シェイフ最高法官が「米同時多発テロは、ハイジャック行為であり、乗客を恐怖に陥れた行為であり、さらに自殺行為であり、どの行為をとっても、イスラーム法が禁じている行為である」という声明を出した。

一方、サウディ政府のテロ非難声明にもかかわらず、民衆の感情はウサーマ・ビン・ラーディン支持にかたむいていた。二〇〇二年一月末にナッワーフ[61]・サウディ諜報局長官は記者会見で、「サウディアラビアの多くの若者は米国同時多発テロには反対しているが、ウサーマの主張には共鳴している」ことを指摘した。これは、二〇〇一年十月半ばに二十五歳から四十歳までのさまざまな職業のサウディ人を対象に意識調査がおこなわれた結果であったという。ナッワーフ長官はアンケートの詳細にはふれずに、民衆によるウサーマへの共感はイスラエルを無条件に支持するアメリカへの反感からきているものであるとした。湾岸戦争以来、民衆の反米感情はさらに高まっていた。

ジハード論の展開

9・11事件からアメリカのアフガニスタン攻撃と続くなかで、イスラーム世界ではジハード論が展開された。まず、アフガニスタンのターリバーン政権とアルカーイダからのジハード宣言が影響した。双方ともに、「イスラームの土地が直接、異教徒に攻撃された時は、イスラーム教徒にとって防衛するのは義務となる」という古典的なジハード論である。それに加えて、ウサーマ・ビン・ラーディンの防衛ジ

كارثة أمريكا: خسائر الأسهم بمئات المليارات ومخاوف على 700 مليار دولار عربية وارتفاع أسعار النفط والذهب

الوطن

AL-WATAN

أكبر هجوم انتحاري منسق يستهدف أمريكا ويهز العالم

خادم الحرمين وولي العهد يستقبلان الرئيس السوداني

▶9・11事件を第一面で伝えるサウディ現地紙『アル・ワタン』

ハード論が出回った。それは、十一月八日、パキスタンのアウサーフ新聞の編集長ハミード・ミールがウサーマにおこなったインタビューのなかで、ウサーマは同事件について、「イスラーム世界は米国によって常に攻撃されてきて、多くの被害を受けてきた。イスラーム教徒はその攻撃から自らを守らなければならない。米国とその同盟国はパキスタンやチェチェン、カシミール、イラクにおいて我々を殺害してきた。故に、イスラーム教徒たちには米国に復讐の攻撃を行う権利がある」と述べ、防衛ジハードの拡大解釈を展開していた。これに対しては、カタール在住のイスラーム法学者ユースフ・カラダーウィー師[62]は、防衛ジハードはイスラーム領土のなかでおこなわれるべきであって、ほかの地でおこなわれるべきではない、と防衛ジハードの拡大解釈を否定した。

このように周辺でかわされるジハード論に影響を受け、サウディ国内では、各地のモスクで、アフガニスタン攻撃に対して、アメリカ非難がおこなわれた。さらに、アフガニスタン攻撃を支持しているサウディアラビアに対しても非難が向けられた。とくに、サウディアラビアでも宗教色が強い、首都リヤードから北西約三五〇キロメートルにあるブライダから、盲目の宗教家ハンムード・シュアイビー師[63]（一九二七〜二〇〇二）がアフガニスタン攻撃を非難するファトワーを出して、アフガニスタン攻撃をおこなうアメリカ、イギリスおよび域内の同盟国に対するジハードを呼びかけた。アフガニスタン攻撃を支持する者

61 アブドルアジーズ国王の22番目の男子。1933年生まれ。
62 1926年生まれ。エジプトの法学者。カタールに定住し，1980年代以降，ムスリム同胞団の中道派を代表する思想家として，アラブ諸国，イスラーム世界で大きな影響力をもつようになった。
63 元最高法官ムハンマド・イブン・イブラーヒーム師（1893〜1969）に師事したウラマーの一人。

はイスラームから逸脱した者である、とした。同師の門下生とみられる若手宗教家、スライマーン・アルワーン師、アリー・フダイル師も同師に続いて、同様のファトワーを出した。シュアイビー師は9・11事件についても、その実行犯たちをジハードの遂行者たちとみなした。同師のファトワーはインターネットをつうじてサウディ国外にも知れ渡り、彼の支持者がインターネットをつうじて同意をあらわしていた。

シュアイビー師らのファトワーに対して、体制派宗教界から、反論が出され、サーレフ・アール・シャイク宗教相は、「ジハードの大権は共同体の指導者にあり、一般市民にあるのではない」といった警告を発した。ついで、最高法官アブドルアジーズ・アール・シェイフ師は「イスラーム国にいる異教徒を殺害することは許されない」とするファトワーを出して国民への慎重な対応を求めた。まだ、サウディ政府は過激な発言をするイスラーム学者たちを取り締まるまでには国内的危機感をもっていなかった。

アブドッラー皇太子の改革

アメリカによるイラク攻撃が切迫するなかで、アブドッラー皇太子は国内の改革に向けて動き出した。それは、二〇〇二年十一月二十日、アブドッラー皇太子が突然、貧民街を訪問することから始まった。この日はラマダーン月十五日であった。皇太子はそこで困窮者の声に耳をかたむけ、貧困対策に早急に着手することを約束した。国家指導者が国民の生活状況を直視し民衆の声を国政に取り入れるのは民主国家で当然とされても、サウディアラビアでは異例に近い。皇太子の貧民街訪問はテレビ放映されたことによって、政府制度の近代化や経済の自由化を断固として推し進める覚悟を国民の前に表明したとみられる。

サウディアラビアでは二〇〇三年一月八日から十七日までサウディ年次祭[64]がおこなわれ、そこでのテーマは「これこそがイスラーム」であった。このテーマは9・11事件以降、アメリカからサウディのイスラーム体制が非難されていたことに対する反論だった。年次祭中日の一月十二日には、皇太子はイラク問題について「厳しい状況だが、戦争はないであろうと私は信じている」と述べ、あくまでも平和的解決を求める姿勢をくずさなかった。そして、翌十三日、イラク戦争回避の提案とも受け取れるアブドッラー皇太子の新外交「アラブ現状改革憲章」提案が、汎アラブ紙『アッシャルクルアウサト』に掲載された。この提案は、アラブ諸国が実力を構築し発展するのに必要となる諸改革を提唱している。さらに、イスラエルの侵略やアメリカのイラク攻撃に対して反対を表明する一方で、湾岸危機に対するアラブの結束を促している。この提案の重要性は、指導者自らが、アラブ諸国の逼塞状況の原因がアラブ各国の内部にあることを認め、アラブ諸国の発展のために国内の改革に着手する必要性があることを訴えているのである。さらに重要な点は、改革の

64 サウディアラビアの遺産・文化を紹介するイベントで，ジャナードリーヤ・フェスティバルと呼ばれている。ジャナードリーヤというのは，首都リヤードの北 25km のところにある村の名前である。期間中は各地から集められた伝統技術の実演がおこなわれる。ほかにもさまざまなテーマでセミナーが開催される。

必要性がサウディアラビアから提案されていることである。

アブドッラー皇太子の提案が公表されたあと、この時期を待っていたかのように、二〇〇三年一月二十一日、一〇四名の知識人たちが「祖国の現在と未来にかんする見解」と題する建白書をアブドッラー皇太子に提出した。同時に、サウード家の主要王子一三人にもコピーを送付した。翌二十二日、アブドッラー皇太子は建白書に目をとおして、署名者に対して二十三日夜の来訪を要請した。急な要請だったが、署名者のなかから四〇名が皇太子を訪問した。アブドッラー皇太子は建白書の内容に強い関心を示し、「あなた方の要望は私の要望でもあり、国家的財産の無益な消費をさけるためにも、改革に真剣に取組まなければならない」と語ったと報じられた。また署名者たちもアブドッラー皇太子との会見に満足し、サウディアラビアの指導部が国民のための改革実現や政治参加を考えているとの印象を強調した。

「祖国の現在と未来にかんする見解」の構成は序文と五章からなっており、内容は政治体制・司法体制・地方議会開設・経済的公正・人権問題などの多岐にわたる改革を提案したものとなっている。署名者の一〇四名は政治・宗教・教育の分野の知識人であり、そのなかには民主・開明派人士だけではなくワッハーブ主義の宗教者やシーア派人士までがはいっていた。改革のために主張の垣根をこえて団結したことがうかがえるが、それはサウード家が改革に本腰をいれているのを感じ取っていたからであろう。

さらに、四月三十日、シーア派四五〇人が請願書を提出して、シーア派の居住地方である東部地方の環境改善を訴えた。アメリカ軍によるイラク陥落後、イラクのシーア派が政治の中心舞台に台頭してきたこともあって、サウディ東部地方のシーア派の活動が活発化してきた。請願書の提出はその証左であるが、これに対してアブドッラー皇太子は善処すると応対した。アブドッラー皇太子の改革の決意が徐々にあらわれてきていた。

リヤード爆破事件とテロ対策

二〇〇三年三月二十日のアメリカ国のイラク攻撃とともに、サウディ政府が警戒してきた国内のアルカーイダ支持者によるテロ活動も顕在化してきた。二〇〇三年五月十二日深夜から十三日未明にかけ、サウディ政府に衝撃を与えた自動車による連続自爆テロ事件がリヤード市の東部郊外にある外国人集合住居区(コンパウンド)三カ所で起こった。アメリカの軍事関連企業ビネル社の関係者が多数住んでいるコンパウンドが最初に攻撃され、今回の攻撃の主要目標とみられた。内務省の発表によると死者三四人(うち自爆犯九人)、で負傷者二〇〇人以上であった。犯人以外の死者二五人の内訳は、アメリカ人、サウディ人が各七人、ほかにヨルダン人などであった。サウディ人死者の一人はリヤード州副知事ア

◀2002年11月20日，アブドッラー皇太子の貧民街訪問報道(ジャジーラ・ネット上の画面より)

ブドッラー・アル・ブライド氏の息子であった。

今回の自爆テロ事件は一九九五、九六年の二度の爆破事件とはまったく性格を異にしている。犯人が自爆攻撃をおこなったこと、一般市民を標的にしたこと、サウディ人も犠牲者となったことである。今回の事件によってサウディ政府はアメリカと同じ立場になったことを強調し、テロ対策強化を宣言した。この五月十二日の事件は、サウディアラビアの9・11事件ともいわれた。事件の捜査と容疑者の逮捕に力をいれ、二週間のあいだに容疑者一一人を逮捕し、さらに五月二十七日までに合計二一人を逮捕した。逮捕者のなかには、三人の宗教者(アハマド・ハーリディー師三十五歳、アリー・フダイル師五十歳、ナーセル・ファハド師三十五歳)が含まれていた。彼らは反体制派宗教者シュアイビー師の弟子たちであり、過激な発言をする宗教者として知られており、「十字軍へのジハード」を呼びかける声明を出して、アルカーイダの考えを支持していた。五月七日に発表された一九人の指名手配犯についても、ジハードを遂行する者であり、彼らの追跡に協力しないように民衆に呼びかけていた。

さらに、体制非難をおこなうリベラリストも厳しく処罰した。五月二十七日、政府は『アル・ワタン』紙編集長であるジャマール・カショーギを解雇した。それと同時に、同日、サウディ政府は国内のモスク関係者の総チェックをおこない、資格のないモスク関係者一七一〇人を解雇したことを公表した。

一方で、サウディ政府は恩赦と引き換えの投降を過激派に呼びかけていた。アブドッラー皇太子は二〇〇四年六月二十三日、ファハド国王の声明を読みあげ、過激派に対し、一カ月以内に自首・投降した者たちに恩赦を与える態度を示した。この呼びかけにこたえて、恩赦期間中に投降した過激派は全員で六人であった。

テロ活動資金源についてはアメリカからの指摘もあり、サウディ政府は二〇〇四年六月二日に、アルカーイダに資金が流れている疑いがもたれているサウディ国内の慈善団体、「ハマライン・イスラーム基金」を解体させ、この団体の資金をサウディ政府が認定した資金管理委員会に移すと発表した。

テロ対策としてインターネットを活用して、過激的思想に傾倒した若者を改心させる試みがおこなわれた。イスラーム問題相アール・シェイフ師は二月六日、内務省がインターネットのチャットで、過激的思想に傾倒した若者八〇〇人と接触をもち、そのうち二五〇人を改心させ、ほかの者ともいまだ説得が続いていると説明した。それは、拘留されている過激思想を説く宗教者に対してもおこなわれおり、その成果として、宗教者三師のイスラーム法的解釈の撤回があったと説明した。三師とは五月下旬、爆破事件の関与で逮捕された三師である。その撤回する発言のようすが、十一月下旬から十二月上旬にテレビ放映された。三師が拘束されたままの状態では撤回発言に信頼性がないとの意見が国外の反体制派からでてきていたが、国内では三師の発言は真摯に受け止められていた。過激派との対話をつねに呼びかけきたムフセン・アワージー師[65]は、過激派の指導者的な立場にあった三師の自説撤回を過激派との対話開始の契機になると考え、ナーイフ[66]内相にも対話の必要性を説いていた。

二〇〇五年一月、サウディ治安当局は、〇四年末までに過激派メンバー四、五〇〇人を殺害または逮捕し、残りはおよそ二五〇人であると発表した。その後も、テロ活動は小規模ながら続いたが、治安部隊も過激派の隠れ家などを襲撃して、テロ掃討作戦を続けた。過激派の勢力はこのようなサウディ治安当局の掃討作戦により、弱体化したとみることができる。その成功の裏には、国民がテロを完全に拒絶してきた状況がある。

国民対話会議と地方選挙

テロ対策としてのモスクにおけるイマームの大量解雇、またモスクにおける一般市民からの募金活動禁止といった取締りは緩和しなかったが、取締り政策に対する民衆の不満や批判をかわすため、イスラーム教育の見直しや政治改革について積極的な対話政策を打ち出してきた。その一つが「国民との対話」であった。

[65] 1961年生まれ。中道的イスラーム法解釈を基本とした社会改革を主張する改革宗教家。
[66] アブドルアジーズ国王の23番目の男子。1933年生まれ。

二〇〇三年六月十五日、リヤード市においてアブドッラー皇太子主導の「国民との知的対話会議」が開催された。会議にはラーシド・ラージフ[67]、アブドッラー・ナシーフ[68]ら、サウディアラビアで非常に著名な学者が参加した。さらに反体制派とみられてきた宗教者のサルマーン・アウダ師、民主化を訴えるマトルーク・ファーリフ[69](サウード大学)、ハサン・サッファール師(シーア派指導者)らが参加した。こうした顔ぶれは、会議の重要性と開かれた会議の特色を出すものとなった。二回目の対話会議は、一カ月後の七月にところを変えてジェッダ市で開催された。この対話には、アブドルマジード・マッカ州知事、各新聞社編集長、各方面の知識人や実業家ら一五〇人以上が参加した。二つの会議に出席したシーア派の指導者ハサン・サッファール師は、「会合が各宗派の壁を崩したことは重大な成果である」と、これまで政府を非難してきた宗教指導者が会合の意義を認めたことは注目に値する。

ついで、サウディ政府は国民との対話を継続するなかで、国民の不満の限界を感得し、二〇〇三年十月十三日、政府は国民に希望を与える意味で、突如として地方選挙の一年以内の実施を発表した。

中央の諮問評議会改革にしても、その開放性が求められていたが、これに対して政府は二〇〇三年十一月二十日、毎週土曜日に開催される諮問評議会協議状況がテレビ放映され

67 元諮問評議会メンバー，元マッカ大学学長。
68 元諮問評議会副議長，元アブドルアジーズ大学副学長，元世界イスラーム連盟事務局長。
69「祖国の現在と未来にかんする見解」建白書に署名した一人。

ることを決定したと発表した。さらに十二月一日には、ファハド国王が勅令によって諮問評議会の権限を拡大する同評議会条項の第一七条と第二三条を改正すると報じた。第一七条の改正は、「諮問評議会が審議したのち、閣議と諮問評議会の意見対立があった場合、再度、諮問委員会が審議をして、その結果の意見を国王にあげて、国王が決定する」となった。改正前は、「意見対立があった場合、国王が自らの意見で決定をくだす」であった。今回の改正で、諮問評議会の意見が直接、国王につうじるようになった。第二三条の改正は、「諮問評議会は新たな法案や改定案を諮問評議会内で審議することができ、その結果の意見を諮問評議会委員長は国王にあげなければならない」としている。改正前は、法案や改定案の上程に一〇人の議員を必要としていたが、今回の改正でその規定がなくなり、諮問委員会が比較的自由に活動できるようになった。限定的ではあるが、民主化への道が開かれつつあった。

予告より少々遅れたが、テロ対策国際会議が終了すると同時に、二〇〇五年二月十日に地方評議会選挙がおこなわれた。選挙権は男性のみにあり、評議会も諮問機能にとどまり、政治的実権はないが、サウディアラビアでの民主的選挙の実施は画期的なこととして世界の耳目を集めた。選挙では全国一三州の一七八地方評議会の議員の半数を選ぶ。十日にリヤード州で実施したのち、残りの州については三月三日と、四月二十一日の二回に分けて実施する予定となっていた。選挙管理委員会によると、リヤードで登録した有権者は約一五万人で、有権者数の三〇%といわれている。選挙への関心の低さがめだっていた。しかし、投票率は八二%であった。有権者の登録が低かったのは、政治参加の認識の低さや選挙制度への理解の低さと選挙への期待の低さが重複した結果だと考えられる。選挙には州全体で一八〇〇人が立候補し、有力事業家が豊富な資金を元手に派手な選挙戦を展開した。リヤード州内に計三八の行政区があり、リヤード市の評議会は、七議席を六四六人が争う激戦となっている。政治に関心のあるサウディ人一〇五万人が実業者らの実務者を選ぶのか、イスラーム関係者を選ぶのか注目されていた。結果は、七人中六人までが、イスラーム関係者であることがわかった。リヤード市などサウディ中央部はスンナ派の厳格なワッハーブ主義の影響力が強い地域であることが浮き彫りとなった。選挙では各評議会の議席の半数だけが選出され、残り半数は政府が任命することになる。

中央部のリヤード市では、世俗的な人物よりもイスラーム主義的な人物を選んだことになる。政府にとっては都合の良い現象となった。西欧的自由主義・民主化を求めていないと判断できるからである。さらに、有権者登録者数が少ないことも、サウディ政府にとっては、現在の体制に不満がない証拠であるとアピールする材料になった。

社会の自由化問題　女性の自動車運転をめぐっての対立

サウディ政府が二〇〇五年二月におこなった地方議員選挙は民主化への第一歩として掲げられたものであったが、女性に対して選挙権が認められなかった。その理由は女性が投票する場所を準備することができなかったからと物理的理由があげられていた。リベラリストからは失望の声があがり、女性に対する権利平等が求められ、その象徴として女性の運転許可を求める動きが活発化した。

女性の運転許可について口火を切ったのは、市井のリベラリストからではなく、官僚ともいえる諮問評議会委員からであった。

五月二十二日に、ムハンマド・ズルファ諮問評議会委員から女性の運転禁止条項廃止の議案が提出されたが、諮問評議会はその議案を却下した。そこで、同委員はこの問題を国民に問うとして、二十六日付地元紙『アル・ワタン』に公表した。ズルファ委員は女性の権利を主張するよりも経済的損失や社会的弊害を前面に出し、さらにイスラーム法的解釈にも疑問を提示した。[70]

ウラマーはズルファ委員の主張に対して、敏感に反応した。翌日、司法省の司法審議官のアブドルムフセン・オベイカーン師が諮問評議会で、女性の自動車運転はイスラーム法的に禁止ではないが、そのことを受け入れる準備ができていない社会では堕落につながる

70 主張のおもな内容
⑴経済的問題：100万人の外国人運転手の賃金は年間320万ドルに達している。女性の運転により，国内資産の流出を抑えることができる。
⑵社会的問題：外国人運転手は異文化を持ち込み社会に悪影響を与えている。
⑶イスラーム法的解釈の問題：ビン・バーズ師のファトワー（前述）は社会的な側面から「サッド・ザラーイウ」（不法行為への道の封鎖）という予防的な措置として回答を出しているにすぎない。また，そのファトワーでは女性と外国人運転手との二人だけの空間という危険性が取り上げられていない。

ことがある、と発言した。二〇日後の七月十六日には、一一八人のウラマーが同様に女性の自動車運転に反対声明を発表した。

ウラマーばかりではなく、民衆からも保守的な声があがってきた。七月二十九日にサウディ人女性五〇〇人が、西洋的な女性の自由化要求などのリベラル的な発言がでている風潮に対して、イスラーム的伝統強化を要求した請願書をアブドッラー皇太子(当時)に提出した。請願書のなかで、西洋化のキャンペーンや女性の品性を汚す衛星放送番組に対する規制も求められていた。請願書に署名した者たち[71]は高学歴者が多かったが、サウディ社会におけるイスラーム的価値観を重視していることがうかがえる。

今後、政府が女性の自動車運転問題について、即座に対処していくことはない。国民の政治参加については政府の管理体制のもとで国民と対話をする余地が残されているが、女性問題については、宗教勢力・慣習などがからんでくるので、社会全体の同意が必要となってくるからである。つまり、リベラリストは女性の自動車運転問題では、宗教勢力・主要王族・保守的な民衆と対立することになる。女性の自動車運転問題の解決は、国内改革の進み具合の一つの指標となりうる。

[71] 請願書に署名した女性たちは，ジェッダ，マッカの女子学部教員 14 人，女医 3 人，病院職員 7 人，高校教員 93 人，高校職員 12 人，大学生 93 人，女子高生 79 人，主婦 123 人ほかであった。

第6章　英断をくだす「二聖都の守護者」

アブドッラーの国王即位と恩赦

二〇〇五年八月一日、ファハド国王（当時八十四歳）の死去にともない、アブドッラー皇太子（当時八十一歳）が第六代サウディアラビア国王に即位し、スルターン第二副首相（当時七十七歳）が新皇太子になった。アブドッラー国王は即位の演説で、「クルアーンを憲法とし、イスラームを指針とし、真理を実現し、公正を確立し、国民すべてに奉仕する事を旨とする」とイスラーム的施政にゆらぎがないことを示した。ファハド国王の葬儀からアブドッラー新国王への忠誠の誓いまでの一連の儀式において、サウディアラビア王国はイスラーム法を遵守し、イスラームの慣例を重視する国家であることが強調された。

アブドッラー新国王は、一九九五年に脳卒中で倒れたファハド国王にかわり国政を取り仕切っており、外交も対米協調を基本とした穏健な政策に変化はなかった。ファハド国王時代からの内政課題として雇用問題や貧困問題などがあげられたが、原油高による経常黒字が続くなかで、社会インフラ整備、民間企業による石油化学プロジェクトを推進することによって解決の方向を見出していた。サウディ政府がとくに苦慮する内政課題は民主化と治安対策であった。治安対策は、過激派との銃撃戦が多発していたが、治安部隊を十分に備えて徹底した掃討作戦を展開させていたので、対策の方向は定まっていた。しかし、もう一つの民主化問題は、アメリカからの民主化要求とあいまって、リベラル派の活動が活発化して、それに対して保守派の攻勢も激しくなっていた。

そこで、アブドッラー国王は即位後、八月八日にリベラリスト三人ほかを恩赦で釈放する勅令を公布した。三人のリベラリストは二〇〇三年十二月に、アブドッラー皇太子（当時）に提出された請願書に署名した一一六人の中心的人物であった。請願内容には立憲君主制設立の要望もあり、受け入れられなかった。二〇〇四年三月十六日に、署名者のうち一二人がナーイフ内相の命によって騒乱罪で逮捕された。そのうち九人は今後このような行動を起こさない誓約書を書いて釈放されたが、この三人は誓約書を拒否していた。二〇〇五年五月十五日に非公開の裁判によってそれぞれに禁錮六年から九年の実刑判決がくだされた。

今回のアブドッラー国王の恩赦は、当然、アメリカからの非難に対する配慮と、国民へ向けた改革推進の意思表示になった。さらに、逮捕に踏みきったナーイフ内相の行動に歯止めをかけることにもなり、国民に皇太子時代とは違う国王の権威をみせつけたことになった。リベラリスト三人の実刑判決は、改革の限界点を明らかにしたことになり、それをこえた場合には、政府は断固とした態度をとる、と民衆に教訓を与えたことに十分な意味があった。そのうえでのアブドッラー国王の恩赦であった。

王家は国内の保守・リベラルの対立構造を国内の安定と治安のためにたくみに利用している。体制派宗教勢力はサウード王家支持基盤であるが、アメリカからの民主化要請や宗教的規制の緩和が求められたときには、王家はリベラリスト勢力に自由な言動をある程度まで許して宗教勢力の分野に制限をかける。一方、リベラリスト勢力の主張が限度をこえるような状況になったならば、体制派宗教勢力がイスラーム的規制をかけるがままにさせておき、リベラリストの活動に制限をかける。過激派の活動に対しては、体制派宗教勢力ばかりではなく、すべての勢力からテロ非難行動を求めている。さらに、民主化に対する王族内の対立とみえる構造も、王国の安定のために、内相が厳しく対処することに対して、国王が寛大な処置をとることで均衡が保てるといえる。このようなかたちで、今後も、アブドッラー新国王は王家の安定のために、ひいては王国の安定のために、対立構造の意見の調整役としての役割を発揮することになる。

▶アブドッラー国王への忠誠の誓いの情景 前列右端が国王（インターネット上のリヤード紙の画面より）。

アブドッラー国王の英断

二〇〇六年一月におこなわれたマッカ巡礼[72]のさい、巡礼地ミナーの谷の「悪魔の石柱」で多数の人びとが折りかさなり合い三四五人の犠牲者がでた。この事故直後、アブドッラー国王は悪魔の石柱の場を全面的に改築することを厳命し、十二月三十日[73]の巡礼ではより多くの巡礼者が一度に石投げができるようになった。これらの効果があらわれて、今回の巡礼ではまったく巡礼者の事故などが伝えられることがなかった。「悪魔の石柱」では毎年、事故が起こっていたが、歴代の国王は巡礼地ミナーでの「悪魔の石柱」を改築する決断をしないできた。巡礼地の一部の姿かたちを変えるということには重い宗教的責任がでてくるからである。それをアブドッラー国王は事故を防ぐため改築に着手したのである。それは重大な決断であり、たんに「悪魔の石柱」の改築というだけではなく、そのことによって自分の治世下において国内安定をめざそうとする決意を示すことにもなった。

その決意は王位継承制度の制定にもあらわれた。サウディアラビアの不安材料の一つに、王位継承制度の不明確さがある。一九九二年に発表された「統治基本法」には、「王位はアブドルアジーズ初代国王の直系の男子のなかから最もふさわしい人物が継承していく」とだけ記されている。そこで、サウディ政府は二〇〇六年十月二十日、王位継承の新制度「忠誠の誓約」(バイア)機構の創設と規則にかんする国王勅令を発表した。「忠誠の誓約」

72 マッカ巡礼の日程：イスラーム暦(ヒジュラ暦)の12月(巡礼月)8から13日まで，中日の10日が石投げの儀式となる。詳しくは『イスラーム――知の営み』(イスラームを知る1)山川出版社15頁を参照のこと。

73 2006年は1年間で2度マッカ巡礼がおこなわれためずしい年であった。イスラーム暦は太陰暦で11日短いので，太陽暦の1年間に太陰暦の1年と11日間がはいったかたちであった。

機構の規則は二五カ条からなっている。そのなかで、重要な箇条としては、第一条で、「委員会構成員をアブドルアジーズ第一代国王の子息三六人に定め、死去して不在の場合にはその嫡子が務めることになる」としている。第七条では、皇太子選出方法であり、「国王が候補者三人を委員会に推挙して、委員会がそのなかから選出する」となっている。ただし、この手続きが発効するのは、皇太子が国王になってからとあるので、現実問題としてはアブドッラー国王の逝去後となる。いずれにしろ、「忠誠の誓約」機構の設立は、今後の王族内の安定に貢献することとなるアブドッラー国王の英断といえる。

つぎにアブドッラー国王が打ち出した政策は宗教間対話である。その第一歩として、国王は二〇〇七年十一月にバチカンを訪問し、ローマ法王・ベネディクト十六世と会談した。サウディ史上はじめてのできごとである。これにより、世界の宗教者がサウディアラビアの変化を認めだしたといえる。

さらに、三月にリヤード市でおこなわれた「イスラーム世界と文明間対話セミナー」において、文明間対話促進を目的として「一神教サミット」を提唱した。

その準備段階として、二〇〇八年六月にはマッカにおいて、六〇〇人以上のイスラーム世界の宗教者・研究者が一同に会した「イスラーム世界対話会議」が開催さ

▲1994年当時の「悪魔の石柱」

▲改築後の現在の「悪魔の石柱」

れた。サウディアラビアにとって、この会議は他宗教対話会議の予備的な会議としての意味合いをもっていたが、実際の会議の目的は他宗教との対話よりも、イスラーム世界の調和であり、それはとりもなおさずスンナ派とシーア派の協調であったことがうかがえる。

ついで、アブドッラー国王の提案「一神教サミット」がかたちを変えて、イスラーム世界連盟としてスペインのマドリードで、二〇〇八年七月十六日から十八日にかけて「世界宗教間対話会議」を開催した。各国からイスラーム・ユダヤ教・キリスト教・仏教などの宗教指導者・学者ら二三〇人以上(四九カ国)が参加した。国王は開会宣言で宗教間対話の重要性を述べると同時に、宗教を誤解させるテロリズムを批判した。

サウディアラビアの一連の宗教間対話活動のまとめとしていえることは、あくまでも宗教対話は対外向け姿勢であり、サウディ国内での他宗教容認にはほど遠いことでもある。[74]「宗教間対話会議」の主張は諸宗教が等しく重視する「人間性」によって平和構築のために相互理解と相互扶助を深めることである。つまり、「宗教間対話会議」のねらいは政治問題を宗教問題と切り離すことにあり、宗教間の衝突を避ける方向性を見出すことにある。その結果、諸宗教の過激派を排除しようという試みである。しかし、イスラーム社会において宗教と政治の分離は可能かどうかが問題として浮上してくる。イスラームにおいて政治と宗教が一体となっていることは、基本的理念であるからだ。だが、現状はイスラーム

74 サウディ国内では教会や寺院など他宗教の宗教施設建設は禁じられている。

社会のイスラーム認識の温度差があり、政府におけるイスラーム意識、民衆における生来のイスラーム意識、イスラーム主義者におけるイスラーム意識に区分することができることから考えると、宗教間対話において宗教と政治を分離して宗教間の問題対策だけをねることも可能といえるかもしれない。

教育改革

サウディアラビアの小・中・高校では、宗教科目（クルアーン・ハディース・クルアーン解釈）を基本的科目とし、宗教教育がおこなわれている。一九九〇年代、宗教教育の割合は小学校で三分の一、中学校で四分の一、高校で五分の一となっていた。イスラーム教育のなかではイスラームの優位性が説かれるのは当然のことであろうが、そのようなイスラーム教育に対する非難が西側諸国から起こっていた。例えば、小学校の教科書では「イスラーム以外の宗教は誤りである」と教えており、「ジハード」が宗教の重要な要素としてあげられているなどと指摘された。そこで、二〇〇六年十一月のアブドッラー国王が推進する「国民対話会議」において一〇〇人の有識者が宗教教育の改革の必要性を認めながらも、「ジハード」についてはあつかいを慎重にすべきだとした。その結果、「ジハード」は国家防衛において国王の命令でおこなうものであるとの注釈を教科書に付け加えることになった。さらに、二〇〇九年までにイスラーム以外の宗教を非難する表現を削除したり、小学校の授業でイスラーム教育が五分の一にまで縮減されたりした。

アブドッラー国王は教育改革にも積極的に取り組んできた。大学の数でいえば、二〇〇三年には八校しかなかったが、一三年現在では二八の国立大学がある。そのなかでも、とくに二〇〇九年にジェッダに開校されたアブドッラー国王科学技術大学は特別である。九月二十三日の開校式にはアブドッラー国王も臨席し、世界有数の研究開発拠点づくりへの意気込みを示した。四五カ国からの教職員のもと、六一カ国の学生が集まったサウディアラビア初の男女共学大学は、共存を学ぶことで過激思想に立ち向かおうという、国王の新たな挑戦である。しかし、男女共学について、宗教界から苦情がでてきた。最高ウラマー会議のメンバー、サアド・シスリー師[75]が十月初めに同大学の男女共学を地元紙で批判した。それに対して、国王は十月四日、同師を解任する勅令を出した。最高ウラマー会議メンバー[76]であるならば、直接意見をするのがイスラームの方法であるとの国王のいい分であろう。また、市井の宗教家アブドッラフマーン・ナーセル・バッラーク師[77]が二〇一〇年四月末に、男女同席を主張する者や実行する者は言動を撤回しないかぎりは殺害されるべきである、とのファトワーを出した。これに対して、ムハンマド・イーサー司法相が、勝手なファトワーを出して社会を混乱させることこそ社会の害になると批判し、男女同席禁止はクルア

[75] 1967年生まれ。最高ウラマー会議メンバーのなかでも若手。ビン・バーズ師やアブドッラフマーン・バッラーク師に師事した一人。
[76] 最高ウラマー会議メンバーは2013年1月に勅令があり，アブドルアジーズ・アール・シェイフを議長に20人が選ばれ，メンバーの刷新がおこなわれた。
[77] 1933年生まれ。元イマーム大学・教学会議メンバー。ビン・バーズ師に師事した一人。

ーンにもスンナにもないことであり、新たにつくられた慣習にすぎないと反論した。バッラーク師のファトワーは常識を逸した内容であるが、司法相の反論も慣習の強い一般社会を納得させるまでにはいたらない。

男女共学はまだ同大学だけであり、これがサウディ社会一般に受け入れられるまでには時間がかかることであろう。

一方で、アブドッラー国王は人材育成に力をいれ、二〇〇五年にアブドッラー国王奨学金プログラムをスタートさせた。奨学金プログラムにより、多くのサウディ留学生が世界各国に派遣され、二〇一三年現在までに七万人もの留学生が全世界に派遣されてきた。日本でも三〇〇人ほどのサウディ留学生が学んでいる。そのなかには女子学生もいる。サウディ高等教育省は「国際高等教育フェア・会議」を二〇一〇年から開催し、毎年、四〇カ国近くが参加して、約四百の学校案内ブースが設置されている。各種分野における知識習得に向けての、若者に対するサウディ政府の教育改革の意気込みがうかがえる。女子大のブースでは、女子大生が積極的に学校案内をしている姿もあり、変わる兆しもみえている。

「アラブの春」[78]の影響

サウディアラビアにおいても、チュニジアやエジプトなど中東各地での反政府デモに触

▶**アブドッラー国王科学技術大学ホームページ写真**　男女共学の風景がでている。

発され、初めに、東部州シーア派地区では小規模ながら反政府デモが起こった。首都リヤードでは、二〇一一年二月十日に政治活動家や学者たち一〇人が「ウンマ・イスラーミーヤ党」を結成し、承認を求めて「設立宣言書」を王宮府と諮問評議会へ送付したが、メンバー全員が拘留され、政党設立要求を取り下げられた。二月二十七日にはサウディ自由青年同盟という組織がインターネットの交流サイト「フェイスブック」で三月十一日(金)を「怒りの日」として、首都リヤードを中心として民主化を求めるデモをおこなうことを呼びかけたが、結果的に不発に終わった。宗教界は「デモは違法である」とのイスラーム法的見解を発表し、民衆に落ち着いた対応を求め、デモはいちおうのおさまりをみせた。

翌週の三月十八日(金)、アブドゥッラー国王はテレビで演説をおこない、デモに参加しなかった国民の忠誠に喜びをあらわし、治安部隊に対しては「国家の盾である」と称賛し、宗教者たちには「宗教のために立ち上がった者たち」と彼らの行動を高く評価し、謝意を表明した。そして、総額五〇〇〇億リヤール[79]の社会福祉政策を発表した。その内訳は民衆、軍関係、宗教者関係に分けられ、それぞれに満足のいくかたちがとられた。追記の勅令で最高ウラマー会議やメンバーのウラマーを非難する者に対する罰則が定められ、とくに宗教界には影響力を強めることで満足させた。

「怒りの日」デモの不発は政府の対策が功を奏した結果であるが、一方、たびたび民主

[78] 2010年末にチュニジアから始まったアラブ諸国の民主化運動。

[79] 約11兆2500億円。

Column #03

生活で学んだイスラーム意識

筆者はマッカにあるウンム・ル・クラー大学で学んでいた頃、学生寮の仲間から多くのことを教わった。その一コマを紹介したい。

日本人が寮に住むことになり、すぐに寮生のサウディ人学生が歓迎して寄ってきた。サウディ人の肌の色はいっぱんに褐色であるが、アフリカ系黒人もいる。そこで褐色サウディ人が友人を紹介するといって、黒人サウディ人を「ヤー、ブラックマン、こっちこいよ」と呼ぶ。さすがにそのときはあせって、「そのような呼び方をしてはダメだよ」とたしなめると、彼は「黒は黒だよ」といって気にしていない。そこへ、件のサウディ人が「僕、ブラックマン」と陽気にこたえてやってくるのには、驚いた。イスラームの教えにある人種や肌の色で差別はないことは知ってはいたが、さすがイスラームだと感心したものだ。そして、その感覚はイスラーム社会で育った者にめばえてくることも実感した。イスラームの理念に共鳴してイスラームに入信した人たちには、イスラーム社会によって育てられる部分がぬけるので、理屈ではわかっていてもどうしても自分の生まれ育った境遇で反応してしまう。たとえば、アメリカの黒人ムスリムの学生がいたが、授業のなかで、預言者の言葉のなかに、「現世で悪い行いをした者は来世で顔色が黒くなる」という話があるが、教授がそれを説明しているときに、その黒人ムスリムが「では黒は悪なのか」と声を荒らげてたずねた。教授は、これは来世での話であって、現世での話ではないと繰り返すが、彼は聞く耳をもたず、「おれたちの色は悪なのか」と叫んで、興奮した状態になっていたことを思い出す。

別の一コマを紹介する。学生寮の門番はイエメン人の出稼ぎで、二十代半ばぐらいであった。親しくなって、話しているときに、ふと彼の手をみると、指の数が多いように思うので、思いきって、「指の数、何本あるの」と聞いたところ、彼は誇らしげに、「ああ、これね一本多いんだ、六本だよ」といって、小指の脇に伸びている小さな指をかわいげにいじっていた。そして、「これだけではないよ、両手両足についているよ」といってみせながら、「まあ、皆は五本だけど、おれには六本だ。アッラーからの贈物だよ、アッラーの定めたとおりになるだけさ」とにこやかに笑っていた。切りとってしまうという発想はないようで、それよりもアッラーの定めを受け入れる姿がみえてくる。

彼らと付き合うなかで、イスラーム社会の精神的豊かさをつねに感じさせられたものである。

化を求めて「嘆願書」を国王に提出している改革論者たちにしてもデモに参加しなかったのは、やはり現状の安定した生活を基盤として、政治改革の進展を望んでいるのであろう。

つぎに、「アラブの春」の影響によってあと押しされたかたちとなって、地方選挙が六年ぶりにやっとおこなわれた。規定では二年前におこなわれるはずであったが、それが延びていた。二〇一一年四月から有権者登録が始まり、九月二十二日に投票がおこなわれた。今回の選挙では、初回ほどのもりあがりはなく、地方議会の権限が制限されていることもあり、選挙に対して関心が低くなったとの指摘もあった。

女性の選挙権については、前回に引き続き、今回の選挙でも見送られた。このことにかんして女性住民から不満の声があがるのは明らかであったが、その事態を事前に収拾するかのように、アブドッラー国王は第二回地方選挙実施直前の二〇一一年九月二十五日に、女性の政治参加にかんして二つの重要な決定をくだした。一つは二〇一三年から諮問評議会(全議員、国王による勅選)に女性議員を参加させること、もう一つは次回一五年の地方選挙では女性の参政権を確立させることである。女性の社会進出についてはアブドッラー国王の改革路線上のことであったが、「アラブの春」の影響を受けて加速したことは事実である。それは、決定どおりに、二〇一三年一月十一日にアブドッラー国王の勅令によって、諮問評議会法が改定され、諮問評議会議員一五〇人のうち女性が二〇%以上とするこ

▶諮問評議会会場風景
(インターネット上のリヤード紙の画面より)

となった。それによって、一五〇人のうち、三〇人の女性議員が選ばれた。女性の政治活動が制限されてきたサウディアラビアにおいて、諮問評議会議員に勅選とはいえど、女性が三〇人も選ばれることは革新的な第一歩である。[80] 一〇年前の諮問評議会委員長であったサーリフ・イブン・フメイド師は当時、「サウディ女性が諮問評議会に参加することはありえない」と女性の参加を明確に拒否していた。それを覆したのであるから、まさに国王の英断である。

王族の世代交代と統治体制の安定

二〇一一年から翌年にかけてサウディでは王族の有力な二人が逝去した。一人はスルターン皇太子である。二〇一一年十月二十日のことである。アブドッラー国王は同月二十七日に、同皇太子の死を受け、ナーイフ内相兼副首相を皇太子に任命した。それから八カ月後の、二〇一二年六月十六日に、ナーイフ皇太子が逝去した。二日後の十八日、その後任に、サルマーン国防航空相が指名された。今回は二度とも、国王が皇太子を選出し、第一副首相に任命し、それを「忠誠の誓約」委員会に通告し、新皇太子に対する忠誠の誓いをおこなうことを要請した。皇太子としてナーイフ、ついでサルマーンが任命されたことは、それぞれの経歴と王族内での影響力を考えれば順当であり、内外の情報筋で憶測されてい

[80] 2013年2月24日，女性議員が出席した最初の諮問評議会が開催された。1993年に60人の議員数で始まった諮問評議会は，官僚・宗教関係者・学者・専門家・報道関係者・実業家らさまざまな分野から構成されていた。議員の任期は4年となっており，4年ごとに議員数を30人ずつふやし，2005年には評議員数は150人にまで拡大した。

たとおりとなった。

二月一日には、勅令によって、アブドッラー国王の顧問兼特使を務めるムクリン[81]が第二副首相に任命された。ムクリンは初代国王の息子たち(第二世代)三六人の生存者のなかで最若年である。王位継承で問題になっているのは、いつ王位を第二世代から第三代世代へ移行するかである。ムクリンを第二副首相にすえたのは、第三世代への移行のための準備と捉えられている。さらに二〇一二年から、世代交代としての人事がみられる。例えば、二〇一二年十一月五日、ムハンマド・イブン・ナーイフが内相に任命された。彼は逝去したナーイフ元内相の息子である。翌年一月十四日にファイサル・イブン・サルマーンがマディーナ州知事に任命された。サルマーン第一副首相の息子である。このように第三世代を要職に起用する動きがでてきたのは王族が世代交代を考えているとみるべきであろう。それは五〇〇〇人近くの王族をいかにまとめていくかという難題に取り組むことでもある。サウディアラビア王国の安定は王家内の安定にあり、第二世代においては初代国王の建国理念を継承して王族の団結がゆらぐことがなかったが、今後、建国過程を経験していない第三世代の王族内部のコンセンサスをいかにまとめていくかが問われる時期でもある。

王国の最高政策決定機関は国王を首相とする閣僚会議である。二〇一三年現在、閣僚は首相のほか三〇人である。そのうち、副首相兼国防相・内相・外相・都市村落相・教育

81 アブドルアジーズ国王の35番目の男子。1945年生まれ。

相・国務相兼国家警備隊長官・国務相が王族である。イスラーム問題・寄進・宣教・善導相がシェイフ家である。司法相はウラマーからである。ほかの閣僚には多くのテクノクラート出身者が登用されている。閣僚会議は毎週月曜日におこなわれ、首相である国王が閣僚会議にて政策の審議と決定、国王の名による勅令(行政規則)の発布、予算の決定・配分などをおこない、各省の事務官僚をとおして行政を指揮することになり、完全な上意下達の統治形態となっている。国王のもとには政策を検討するために各種最高委員会が設置されており、そこから閣議に政策案などが提示されることもある。一方、諮問評議会も、民意を伝える機関として、意見を閣僚会議に提出することになる。ただし、行政規則・提案・意見などはすべて、シャリーアの基本的理念からはずれることは許されない。

アブドッラー国王はイスラーム国家の安定と発展のために、イスラーム法再解釈に挑戦しているとみえる。つまり、ウラマーにイスラーム法解釈を求め、その一つ一つの解釈に英断をくだすことになる。頑迷な慣習に固執するワッハーブ主義者に対して断固たる態度を示している。その動きはすでに、二〇〇九年の最高ウラマー会議メンバーの人事変更においてあらわれていた。最高ウラマー会議のメンバーはハンバル法学派のウラマーが多数を占め、一部にシャーフィー学派の者がいたが、そのときの人事の勅令でハナフィー学派とシャーフィー学派の者を加えることになった。これは王国始まって以来のことであり、国王の法解釈に対する挑戦であったと受け止められる。

アブドッラー国王は当然、統治の原理である「統治者とウラマーの盟約」の精神を受け継ぎ、国王がおこなう改革の数々は前もってウラマーの信任を得ることになる。だが、国王はウラマーにイスラーム法解釈を求めるにあたり、イスラーム本来の教えから離れた慣習を排除することを求めているものと思われる。イスラーム法を施行するイスラーム国家が生き残る道は、イスラーム法の再解釈であることを国王は十分に承知しているようにみえる。それはアブドルアジーズ国王時代からの修正ワッハーブ主義の拡大といえる。ゆえに、今までにない改革を断行できたのだろう。

ワッハーブ主義の考え方はクルアーンとスンナを基本にして法規範を定めていくことである。クルアーンとスンナに明確に定めていない事柄については、比較的自由な発想でイスラーム法解釈が可能となる。イスラーム法解釈でいちばんの弊害は頑迷な慣習にまどわされることである。これはイスラーム世界全般にいえることであるが、サウディアラビアにおいてはとくに部族的な慣習が強く残っている。それを打ち破るには、王権以外にはあり得ない。アブドッラー国王はさきに、「いずれ誰かに強制的に改変させられるよりも、今、私が行ったほうがよいであろう」と述べている。アブドッラー国王が改革を断行できるのは、歴代の国王の変革への礎があったことは確かである。つまり、宗教界の改編はもとより、国内危機のハラーム・モスク襲撃事件、外部危機の湾岸戦争などを乗りこえ、安定を取り戻したあとの改革である。

もう一つ、国王が斬新な改革を進めることができるのは、原油高が続き、財政的に豊かになっていることがある。国民へ富を還元することによって「イスラーム国家」をサウード家が統治する正当性を側面支援するかたちとなっている。国王は経済政策として、すでに皇太子時代から経済最高評議会(一九九九年九月)、石油鉱物資源問題最高評議会(二〇〇一年一月)などを設置して、対応している。その政策決定には、王族ばかりではなく、専門家として多くのテクノクラートがかかわっている。現在、王国の安定は、王族のもと、ウラマーのほかに、このようなテクノクラートという経済発展とともに形成された新たな層が大きな役割をはたしていることを付け加えておきたい。

今後、諮問評議会議員の選挙もおこなわれる日がくるかもしれない。ただし、王権を脅かす立憲君主制を導入するまでには改革は進むことはないであろう。サウディアラビア王国はサウード王家の国であるということである。

変わるものと変わらないもの

「アラブの春」によって、チュニジアやエジプトではイスラーム勢力が政権を掌握するようになったが、憲法制定においてイスラーム法の位置付けで国内が混乱する状態が続いた。それほどにイスラーム法を施行することは大変なことであり、困難なことであるといえる。その大変なことをサウディアラビアではおこなっている。クルアーンとスンナを憲法として、イスラーム法を施行することを「統治基本法」に謳っているのである。現状の複雑な問題に対処するためにクルアーンやスンナから導き出した規範や理念をもとにして規則をつくり勅令で発布している。規則は状況の変化に合わせて変えていくことができるが、その法源となるクルアーンとスンナは永遠に変わらぬ存在として位置づけられている。ゆえに、ウラマーはつねに変化する社会状況にそくしたイスラーム法解釈をおこなっていくことが求められている。

「二聖都の守護者」は、その重要な役割の一つとして巡礼の監督があり、つねに訪問者や巡礼者を受け入れるために聖地の整備や拡大をおこなっている。いまや、二聖都、マッカとマディーナはめざましい発展をとげている。マッカのハラーム・モスクの周りには高層ビルが立ち並び、世界一高い時計台(六〇一メートル)までできあがっている。マディーナの周辺も同様の変わりようである。両聖都を訪問する者はその変化と発展ぶりに驚かされる。

一方で、巡礼者がよく訪れる場所であるが、まったく無視され変わらぬ箇所もある。そ

▶正面中央の建物が，預言者ムハンマドの生家があった場所

れはハラーム・モスクの東側の広場の一角にある、預言者ムハンマドの生家があった場所である。現在は公共図書館となっているが、その場所には看板が立てられ、「この場所は特別な場所でもなければ、神聖な場所でもない」と記して、その場所での祈りを禁じている。もう一つは預言者が最初に啓示を受けたヒラーの洞窟である。ヒラー山のふもとには、やはり同様の看板があり、ヒラーの洞窟は聖なる場所ではないと記されてあり、その場所での礼拝を禁じているのである。それは、預言者に対する敬愛が高揚し、その場所が神聖化されることを恐れての処置である。まさに、ワッハーブ主義の「タウヒード」の実践である。ワッハーブ主義の根幹であるこのタウヒード意識だけは変わることはあり得ない。ゆえに、その象徴として、国旗にはイスラームの証言の言葉、「ラー・イラーハ・イッラッラー・ムハンマド・ラスールッラー」(アッラー以外に神はなく、ムハンマドはアッラーの使徒である)が緑地に白色で書かれ、その下に一本の剣がおかれている。剣は信仰を守る力を示している。国旗はイスラームの信条を記しているので、半旗にすることはない。

最後に、クルアーンの二つの節を紹介しよう。

アッラーとその使徒に対して戦い、または地上を撹乱して歩く者の応報は、殺されるか、または十字架にかけられるか、あるいは手足を互い違いに切断されるか、

▲ヒラー洞窟があるヒラー山

▲「預言者の生家は特別な場所ではない」との注意書き

または国土から追放される他はない。（五章三三節）

これ、汝ら、信徒のもの、アッラーの言い付けをよく守り、またこの使徒と、それから汝らの中で特に権威ある地位（統治者、学者など）にある人々の言い付けをよく守るのだぞ。（四章五九節）

この二つの節は事件のあるたびに、サウディアラビアの新聞紙上でよく目にするクルアーンの節である。この二節は現サウード体制とそれを支える宗教勢力の立場を如実に物語っている。

前節は麻薬密輸者の処刑判決の根拠や、爆破事件犯人の処刑判決の根拠にも用いられている。つまり、両者はともに社会をみだす者である。社会の混乱を画策する者には極刑をもってあたることの正当性をこの一節は与えている。

統治者への服従を促す後節は伝統的ウラマーが好んで引用する一節である。社会をみだす者の原因は何かというと、アッラーに従わず、アッラーの使徒に従わず、さらに、統治者やウラマーに従わないからであるという。つまり、サウディアラビア王国は統治者とウラマーによってシャリーアが施行されている国家であり、違反者には厳しく対処する国家であるとの主張がこの二節にはあらわれている。今後も、王国のこの主張は変わることはないであろう。

▲ヒラーの洞窟での礼拝を禁ずる看板　看板の左端に「勧善懲悪委員会」のマークがついている。

▲サウディアラビア国旗

参考文献

アンソニー・H・コーデスマン（中村覚監訳、須藤繁・辻上奈美江訳）『21世紀のサウジアラビア——政治・外交・経済・エネルギー戦略の成果と挑戦』明石書店　二〇一二年
大塚和夫他編『岩波イスラーム辞典』岩波書店　二〇〇二年
大森実『ファイサル——砂漠の帝王』（人物現代史10）講談社　一九七九年
岡倉徹志『メッカとリヤド』講談社　一九八八年
岡倉徹志『サウジアラビア現代史』（文春新書）文藝春秋　二〇〇〇年
小串敏郎『王国のサバイバル——アラビア半島三〇〇年の歴史』日本国際問題研究所　一九九六年
小杉泰「現代世界の中のサウディアラビア」『サウディ・アラビアの総合的研究』日本国際問題研究所　二〇〇一年
小杉泰「サウジアラビアにおけるイスラームと民主化——『統治基本法』『シューラー議会法』制定をめぐって」『中東研究』三六八号中東調査会　一九九二年
小杉泰「サウジアラビアにおけるイスラームと民主化」『現代中東とイスラーム政治』昭和堂　一九九四年
小山茂樹『サウジアラビア——岐路に立つイスラームの盟主』（中公新書）中央公論社　一九九四年
佐藤次高編『イスラームの歴史1　イスラームの創始と展開』（宗教の世界史11）山川出版社　二〇一〇年
佐藤次高『イスラーム——知の営み』（イスラームを知る1）山川出版社　二〇〇九年
ジョン・フィルビー（岩永博・冨塚俊夫訳）『サウジ・アラビア王朝史』法政大学出版局　一九九七年
辻上奈美江「サウジアラビア王国」『中東・イスラーム諸国　民主化ハンドブック』明石書店　二〇一一年

辻上奈美江『現代サウディアラビアのジェンダーと権力――フーコーの権力論に基づく言説分析』福村出版　二〇一一年
中川和夫『メッカ事件――イスラーム・聖地・石油』文芸社　二〇一一年
中田考「ワッハーブ派の政治理念と国家原理――宣教国家サウディアラビアの成立と変質」『オリエント』三八巻一号日本オリエント学会　一九九五年
中田考「サウディアラビアとワッハーブ派の政治経済理念」『GCC諸国の石油と経済開発――石油経済の変化のなかで』アジア経済研究所　一九九六年
中田考「サウディアラビアの宗教反体制派」『サウディ・アラビアの総合的研究』日本国際問題研究所　二〇〇一年
中村覚編『サウジアラビアを知るための65章』明石書店　二〇〇七年
中村覚「サウディアラビア王国の国民アイデンティティの成立――過程と特性」『サウディ・アラビアの総合的研究』日本国際問題研究所　二〇〇一年
中村覚「2003年のサウジアラビアの政治改革」『中東諸国における政治情勢及び経済等の現状と今後の展望』富士総合研究所　二〇〇三年
日本サウディアラビア協会、イマーム・ムハンマド・ビン・サウード・イスラーム大学『アブドルアジーズ王の生涯――近代サウディアラビア王国建国の祖』日本サウディアラビア協会　一九九九年
ブノアメシャン（牟田口義郎訳）『アラビアの王ファイサル』筑摩書房　一九七六年
ブノアメシャン（河野鶴代・牟田口義郎訳）『砂漠の豹イブン・サウド――サウジアラビア建国史』筑摩書房　一九九〇年
保坂修司『サウジアラビア――変わりゆく石油王国』（岩波新書）岩波書店　二〇〇五年

保坂修司「サウディアラビアの王権――祭祀王ファハド」『サウディ・アラビアの総合的研究』日本国際問題研究所　二〇〇一年
森伸生「イスラム諸国会議機構（ＯＩＣ）と地域紛争――イスラム世界におけるＯＩＣの政治的役割」『ＮＩＲＡ政策研究　イスラム世界の相互依存と対立・対抗に関する研究』総合研究開発機構　一九九八年
森伸生「サウジアラビアの対イラン政策」『海外事情研究所報告』第三三号拓殖大学海外事情研究所　一九九九年
森伸生「サウディアラビアの体制派宗教勢力」『サウディ・アラビアの総合的研究』日本国際問題研究所　二〇〇一年
森伸生「中東・アフリカ9・11事件後のサウジアラビア」『海外事情研究所報告』第三六号拓殖大学海外事情研究所　二〇〇二年
森伸生「アブドッラー和平案の行方」『海外事情』五〇巻五号拓殖大学海外事情研究所　二〇〇二年
森伸生「サウジアラビアの民主化蠢動」『海外事情』五一巻三号拓殖大学海外事情研究所　二〇〇三年
森伸生「サウジアラビア――改革派宗教勢力の役割」『海外事情』五二巻一号拓殖大学海外事情研究所　二〇〇四年
森伸生「サウジアラビアの国際テロ対応と民主化――テロ対策国際会議の開催と地方評議会選挙の実施」『海外事情』五三巻三号拓殖大学海外事情研究所　二〇〇五年
森伸生「アブドッラー国王とサウジアラビアの課題」『海外事情』五三巻二号拓殖大学海外事情研究所　二〇〇五年
森伸生「問われるサウジアラビアの可能性――アブドッラー国王の内政外交からの点検」『海外事情』五五巻二号拓殖大学海外事情研究所　二〇〇七年
森伸生「リヤード連続自爆テロ事件の本質と今後」『海外事情』五一巻七・八号拓殖大学海外事情研究所　二〇〇三年

森伸生「サウジアラビア――国内政治における宗教勢力の変遷」『海外事情研究所報告』第三八号拓殖大学海外事情研究所　二〇〇四年
レイチェル・ブロンソン（佐藤陸雄訳）『王様と大統領――サウジと米国、白熱の攻防』毎日新聞社　二〇〇七年
KarenElliott, *House On Saudi Arabia Its People, Past, Religion, Fault Lines-and Future*, Alfred A. Knopf, 2013.
Robert Lacey, *Inside The Kingdom, Kings, Clerics, Modernists, Terrorists, and the Struggle for Saudi Arabia*, Hutchinson, 2009.
Thomas Hegghammer, *Jihad in Saudi Arabia: Violence and Pan-Islamism since 1979*, Cambridge University Press, 2010.

アラビア語文献

'Abd al-'azīz ibn 'Abd Allāh ibn 'Abd al-raḥmān bin Bāz, *Majmū' Fatāwā*, Dār al-Qāsim, Riyadh, 1999.
'Abd Allāh al-Ṣāliḥ al-'Uthymīn, *Tārīkh al-Mamlakah al-'Arabīyah al-Sa'ūdīyah*, vol.1, vol.2, Riyadh, 1995.
'Amīn al-Layhāk'ī, *Tārīkh Najd al-Hadīth*, Dār al-Khayl, Beirut, 1988.
Anwār Abd allah, *al-'Ulamā' wa al-'Arsh Thanānīyah al-Sulṭah Fī al-Sa'ūdīyah*, Mu'ssah al-Rāfid, London, 1995.
Ḥusayn ibn Ghannām, *Tārīkh Najd*, Dār al-Shurūq, Beirut, 1994.
Jarīdah al-Nadwah, *Wa tamūt Al-Fitnah*, Tihamah, Jiddah, 1980.

図版出典一覧

著者提供　カバー表, 裏, *12, 74*左, *78, 102, 116, 117, 118*

『近代サウディアラビア王国建国の祖アブドラアジーズ王の生涯』日本サウディアラビア協会, 1999　*16*上, *33, 38*

Robert Lacey, ***Inside The Kingdom, Kings, Clerics, Modernists, Terrorists, and the Struggle for Saudi Arabia,*** Hutchinson, 2009　*17*下, *30, 42, 44, 61, 64, 75, 84*

Jarīdah al-Nadwah, ***Wa tamūt Al-Fitnah,*** Tihamah, Jiddah, 1980　*55*

森 伸生（もり　のぶお）

1951年生まれ。

拓殖大学政経学部卒業，ウンム・ル・クラー大学イスラーム神学部イスラーム文化学科卒業。

専攻，イスラーム神学，法学，サウディアラビアを中心とした中東地域研究。

現在，拓殖大学イスラーム研究所教授。

主要著書：『ユーラシア東西文明に影響したイスラーム』（共著，自由社 2008），『近代日本のイスラーム認識――ムスリム田中逸平の軌跡から』（共著，自由社 2009），『近現代日本のイスラーム（シャリーア）認識』（共著，拓殖大学イスラーム研究所 田中逸平研究会 2012）

イスラームを知る19
サウディアラビア　二聖都《にせいと》の守護者《しゅごしゃ》
2014年3月20日　1版1刷印刷
2014年3月25日　1版1刷発行
著者：森《もり》 伸生《のぶお》
監修：NIHU（人間文化研究機構）プログラム
イスラーム地域研究
発行者：野澤伸平
発行所：株式会社 山川出版社
〒101-0047　東京都千代田区内神田1-13-13
電話　03-3293-8131（営業）8134（編集）
http://www.yamakawa.co.jp/
振替 00120-9-43993
印刷所：株式会社 プロスト
製本所：株式会社 ブロケード
装幀者：菊地信義
 ISBN978-4-634-47479-6